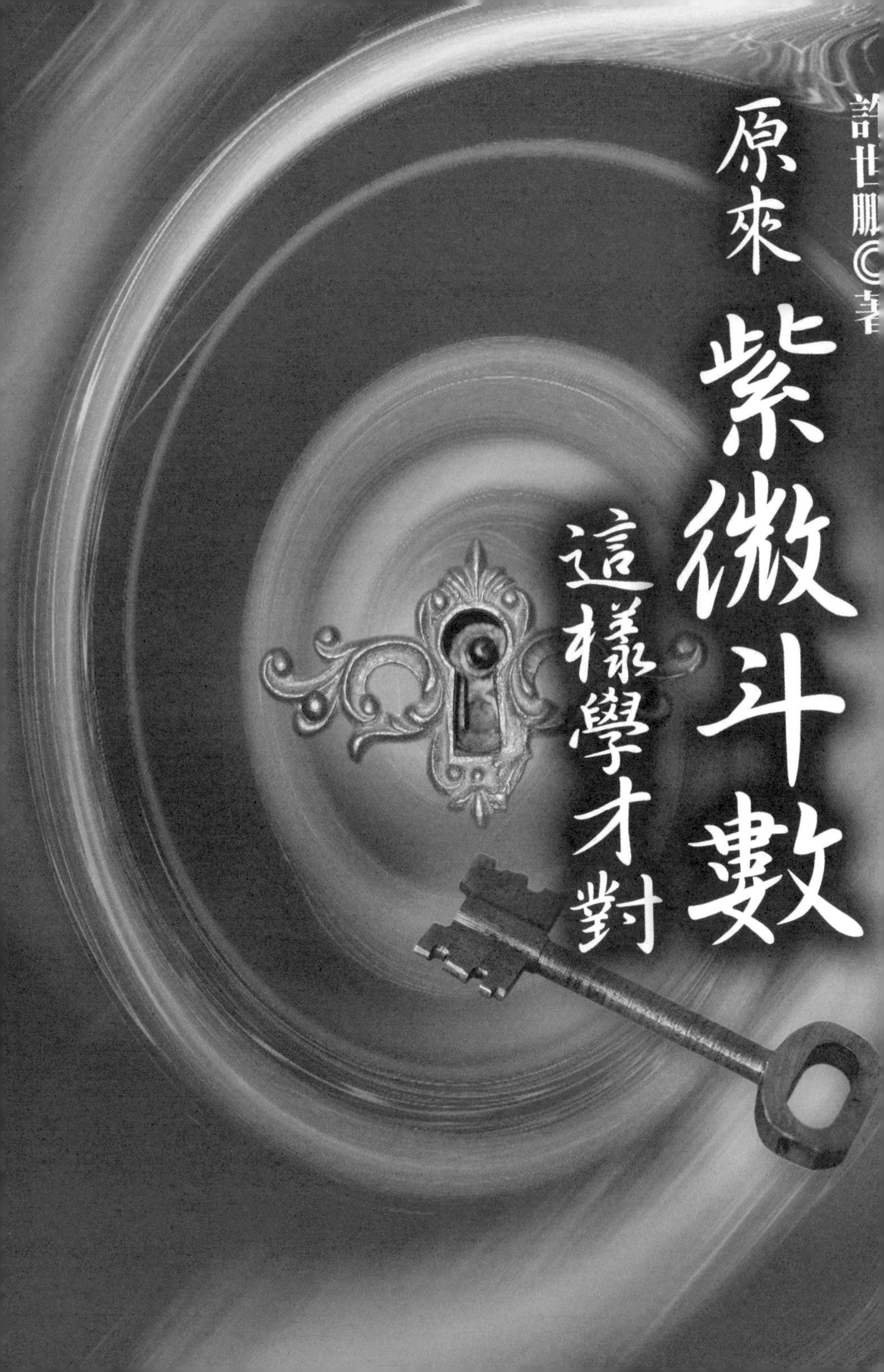

原來紫微斗數這樣學才對

許世鵬◎著

作者序

揭開紫微斗數生命密碼奧秘

自古以來，中國古老的智慧告訴我們，一命二運三風水，但我們經常可以發現市面上包羅萬象的命理研究，不管是中國傳統的紫微斗數、面相學、風水學……或是西洋的十二星座占星學、生命靈數、塔羅牌……等，我們可以很清楚看出，五千多年以來，所有研究命理的學者或術士，都知道人類一出生即為「命運」所牽絆及左右，要如何從命運跳脫？並進而掌握命運，甚至創造命運？這是筆者多年前開始接觸密宗準提佛法以來，一直致力研究解決的問題。

傳統的紫微斗數提供了「知命」的視窗，但希望從生命中獲得解套的模式並不容易，經過筆者多年鑽研自然與人文科學，並參詳東方古老命術及西洋命理哲學的精華，發現宇宙是一個循環體，可以透過生命密碼瞭解生命的本質，進而創造生命無限的契機。因為不論是了凡四訓、子平八字、紫微斗數、梅花易數、風水，甚至是血型、星座學……等等，每一個命術都有其特殊的見解，老祖宗所傳承的獨到智慧就是要我們認識自己，看到過去、掌握現在並創造未來。

當初編纂這本書，最主要的涵義是希望針對生命密碼，尤其是以密宗準提佛法結合紫微斗數這部分。因為在密法中準提法及財神法等法門，對現世人類的生、老、病、死、妻、財、子、壽人生八大主題有很明顯的助益。從紫微斗數到密法的結合，已獲知許多老祖宗所遺留下來不為人知的法門。但從紫微斗數開始運作到現代為止，五千多年來不管是經歷多少大師及先進研究，談到如何解套命運，仍是一個很大的盲點。

此書最大的動機在發揚密法中準提佛母的精神，讓更多人在研究命運及風水的領域中，達到更精準的判斷，進而從判斷過程中找到解析及破解命運迷思的方法。筆者幸蒙準提佛母的智慧開啟及黃財神的導引，從知、破、解的三大法門系統中解套命運，其中「知」就是認知，從認知中明白過去與現在的缺失；「破」就是破解，破除並瞭解現在的觀念；「解」就是因應個人的優勢及劣勢，掌握對自己生命特質的執行方法與知識。所以知、破、解三大法門，是個從理論到實務的總體過程，也是解答人生命運到創造人生命運的執行步驟。此外，並特別強調「積善」的重要，雖然某些人對生命有獨到的見解，但卻始終無法擺脫命運的束縛，最大的問題是無法把握機會點創造福報資糧，因此奉勸讀者，積福行善才能有安身立命的立足點、才有創造美好未來的可能！

生命密碼以四大邏輯為精要，分別為「探索生命能量」、「解開生命密碼」、「預知生命未來」及

「創造生命奇蹟」，其中的「預知生命未來」及「創造生命奇蹟」即是由此所產生。將傳統紫微斗數與生命密碼兩者融入準提密法並非易事，這是最困難，也是最艱深的部分，更是目前傳統紫微斗數無法到達的境界。期望此書上市後，能將傳統紫微斗數發揚光大，讓更多人瞭解「紫微斗數生命密碼」這門人文科學，並協助社會上許多對生命產生困惑的人，能透過「紫微斗數生命密碼」的解析，指引正確的人生方向，讓更多人受惠。這是筆者研究「紫微斗數生命密碼」過去的動機及現在的立足點，更是「紫微斗數生命密碼」創造未來生命奇蹟的最佳依據。

「紫微斗數生命密碼」創始人

許世鵬

序於　時空輪生命密碼能量研習教育訓練機構

推薦序

透過「紫微斗數生命密碼」造命改運

二〇〇三年夏天與許老師結緣於國內某知名飲料公司，從相識、共事，迄今亦師、亦友。四年來與許老師互動密切，瞭解許老師除了專精於企業的行銷與經營管理之學外，更擅長密宗準提佛法、黃財神法、紫微斗數、命理風水及心理諮商教學……等，這些年來不論是生活或事業上，皆從中獲得許多幫助，令人獲益匪淺！

多數人或許會與我以前一樣，將「生命密碼」誤以為是「生命靈數」，或是將「生命密碼」與一般的命理劃上等號，這兩種完全不同的命理學派，其實是大異其趣！因為真正接觸了許老師的「紫微斗數生命密碼」之後，才發現老師運用老祖宗的智慧——紫微斗數，加上現代的人文科學驗證，研究出獨創的「紫微斗數生命密碼」絕學，讓深奧的紫微斗數變得淺顯易懂，而且準確度更高達百分之九十以上。

許老師授課多年，教過的學生不計其數，真可說是桃李滿天下！在學生心目中，他是一位教學認真而不藏私的老師，生動活潑的獨特授課方式，讓課程不會流於嚴肅或枯燥無味，反而更能吸引學生學習的興致。除此之外，老師並輔導有興趣的學生創業，習得一技之長，經過嚴格考驗及授證後，成為自助助人的「紫微斗數生命密碼」能量諮詢師。

有鑑於末法時期，社會人心浮動，天災、人禍持續不斷，許老師除了平常開班授課、諮詢問診之外，還特別融合其在準提佛母薰陶調教下所習之學，加上鑽研紫微斗數的專業素養，同時結合行銷、經營管理的長才，將人們原本難以捉摸的命運，透過引經據典的文字深入淺出，出版了這本書，讓一般社會大眾可以輕而易舉從中一窺自己的「紫微斗數生命密碼」，進而掌握自身的命運，達到造命及改運的目的。

祈願所有與此書結緣的有情，皆能一切順心如意，身心自在！

LARIAT PARTNERS LIMITED

拉瑞亞有限公司　業務經理

李昌隆

看見生命中的奇蹟

前些日子，剛好與一個醫生談到，他認為現代醫學最大的價值與貢獻在於發現：人類的疾病主要是由遺傳基因密碼所控制，即是本書所說的DNA中隱藏著人類的密碼工程，原來是主掌著人類的生、老、病、死。

所以「基因解碼」是目前醫界所致力研究及急欲突破的生命科學，如此即與「生命密碼創造生命奇蹟」的理念不謀而合，亦印證了本書所編纂的宗旨。

與許老師結緣數載，當今年年初討論到出版此書的構想時，當下覺得這是件非常有價值且是義無反顧的事，可能是因為過去幾年國內政局的紛擾不休，社會的亂象叢生，加上經濟的蕭條……種種不確定的因子導致人心變得焦躁不安。

因此，如何在M型化的轉型社會中讓每個人身心得到安頓？讓未來的日子過得更好？似乎是新的年度中每個人最大的企求！祈望「渡人世間一切苦難」的準提佛母能讓此書順利出版，協助正在面臨命運考驗的芸芸眾生度過徬徨無依的日子，並看見生命中的奇蹟。

或許是佛母的慈悲與許老師的耐心導引，讓我藉由此書的撰寫體悟到「生命」的偉大與不可思議之處。這個看似簡單的議題，但愈深入瞭解，愈覺得看似渺小又微不足道的人類生命（與宇宙能場相比較），但卻又複雜及深奧。如此，不斷的解構、不斷的演進，這不正是生命成長的過程，亦是宇宙進化及生命起源的過程嗎？

編纂本書的過程不也和生命演化的過程一樣，寫作是藉由不斷的嘗試、不斷的修正而來，生命不正也是透過許許多多的探索並進化才得以延續嗎？

根據中央研究院民族學研究所的統計調查發現，反而是社會地位較高、教育水準水平之上的中產階級知識分子，較願意相信祿命之說。

的確，愈來愈多人選擇相信科學與宗教結合的論述，多維空間的思想經由牛頓的動力學說與愛因斯坦的相對論，在眾多科學家的驗證下，早已不是怪力亂神的異端邪說，在「時間與空間合而為一」、「時間與空間轉換」的論述中，希望透過本書，能讓生命密碼（基因工程）與宇宙能場結合，並經由時空輪生命密碼能量研習教育訓練機構的「時空轉換」技巧，加強個人對磁場能量的修護，提供一個真正有效率且能改變生命模式，創造生命奇蹟的方法。

時空轉換在不同的時間與不同的空間中交錯著，將人類的基因隱藏在獨一無二的個人生辰密碼中，透過這組與生俱來的數字，即將開啟您累世遺傳的秘密與隱藏的能量。這本書期盼能協助您，擺脫傳統宗教的宿命觀點，透過「紫微斗數生命密碼」科學，修護並提升自己的生命能量，根本改善您的人生命運，使您預知自己的生命未來，達到創造生命奇蹟的終極目標。

文字整理者

陳育真

謹誌於二〇〇八．台北

目錄

第貳篇　解開生命密碼

第參篇　預知生命未來

第肆篇　創造生命奇蹟

❖第壹篇❖

探索生命能量

一切生命活動皆取決於「氣」的流動，也就是生命能量的傳導。能量決定生物體的生命興衰，能量亦可創造生物體的生命磁場。我們日常思考、行動都會耗損能量，如果生命能量過度的消耗，無法及時補充，將會導致病痛與衰老，能量也會不斷衰竭，因此各種病痛皆在於維繫身、心、靈健康和諧的「氣」，也就是生命能量的平衡及修補。

第一節 生命是什麼？

生命是什麼？您是否經常思考生命存在的意義與價值，您的一生為何而來？您甚至希望生命重新來過，並動過更改未來生命的念頭？對於生命這個課題，就像瞎子摸象般，不同領域的人解構南轅北轍的答案。所以，儘管人類早已進入知識經濟的時代，但是生命的奧妙在哪裏？生命的價值又是什麼？雖然生命的本質難以看得透澈，但卻是大部分人此生所急欲追求的目標。

那麼，生命到底是什麼？是負責傳遞生物特徵的遺傳物質？還是顯微鏡下細胞核中的XY染色體？遠古以來，人類生命藉由有形元素及無形元素組合而成，有形的外在元素如包括毛髮、皮膚、筋骨及血肉等元素，根據韋氏大辭典對生命的定義，就是從有形的生物體角度建構，生命係指代謝、生長、反應及生殖功能的個體，生命亦有修補、環境適應及突變等特質，與「無生命物」或「死去個體」互相對應。

無形的內在元素，則以個人遺傳基因DNA及與生俱來的密碼通行證——出生年、月、日等皆屬之。六十年前物理學家薛丁格，首先披露「遺傳密碼」這個名詞。他以基礎物理學及量子力學原理解釋複雜但有序的生命個體，向當時尚未知曉的生物遺傳學領域及物種突變原理提出臆測。薛丁格認為遺傳基因DNA攜帶了大量遺傳及生存訊息，是決定物種差異的關鍵所在，他認為生命密碼的儲藏室來自人體遺傳的DNA，所以生命密碼就是人類的DNA。的確，經過現代生物學實證科學的佐證，認為生命體或生物體既是由物質所構成，其運作也必須符合物理與化學的原理。

雖然以生物體的複雜程度，尚有許多超過人類知識瞭解之處。然而自古以來，人類亦有追求「天人合一」的最高境界。在老子《道德經》中亦云：「人法地，地法天，天法道，道法自然。」就是天、地、人三者磁場共振與訊息互通的最佳詮釋。宇宙生命場對人類的生、老、病、死有極大影響，大自然的活化能量以共振原理，使人體場接收自然生命訊息，並活化再造細胞DNA。正所謂：「天行健，君子以自強不息。」就是宇宙永恆運行的認知。人類透過感應，與宇宙生命能場共振，並解開生命密碼，就能重新啟動自己的生命能量。

德國科學家愛因斯坦認為「時間與空間合而為一的世界」將開啟蘊藏在人腦的深層意識，因此只要懂得啟發與生俱來的能力，人類數百萬年的遺傳基因（生命密碼）訊息，將和宇宙自然意識產生共鳴，創造新的生命模式。透過新的生命模式提升智慧與能力，智慧與能力的無窮能量將創造有價值生命意義。因此擁有智慧與能力，為自己及別人增進幸福，才是生命的真諦。

命運是什麼？

人的命運是否為定數？命是先天固定的排序，本命不可變動，屬化學變化，運是物理變化，有因果，有循環，透過運的改變，使本命有改變的空間。

身分、財富並不直接等於命運，而是心理內在的主觀感受，覺得快樂或不快樂才是命運。命運的改變，取決於個人的生活習性及模式，生活習性經由長年累月養成生活模式，當個性、習慣養成後，要改變就很難，所以一般人很難逃避命運左右，隨時都得辛苦地付出改變命運的代價。

改變命運就是改變生活習性，改變個性中的缺點及盲點。因此改變命運最重要在自我覺知，因為自我覺知的人才能誠實地面對自己，才有辦法改變自己的命運，不讓生活習性成為此生命運的枷鎖。所以改變命運就是改變生活習性，改變生活習性就能增長智慧，有了智慧才能有好運的生活。好命的人隨時使命運變得更好，於是更辛勤地努力，為愈來愈多人承擔責任，使他們過得更好運、更幸福的日子。

其實命運中會出現許多麻煩與病痛，都是性格、業力的化現，想要改變命運，更改人生的結局，最根本的方法就是改變舊有的思維與自身的行為模式，也就是生活中不好的習性。唯有透過心念轉變的運作，習性改變後，才能創造命運。雖然大多數人很難做到這點，但本書擺脫中國人傳統的宿命觀點，以密宗紫微斗數的心靈諮詢方式來解開生命密碼，協助當事者明心見性，於日常生活的起心動念中，根本改善人生的命運，並努力活出自我生命的價值與意義，當自己智慧提升，命運也隨之運轉，才能調動生命中最精純的能量，在美好的生活中，擁有完整而無憾的生命歷程。

第二節 生命起源與天地之道

生命起源

不論是天文學家霍伊爾研究的「連續創生論」，或是霍金的「量子理論」學說，經過各派科學理論驗證，宇宙的起源約在八十億至兩百億年前，二十世紀的大爆炸理論（The Big Bang theory）也稱為大爆炸宇宙論，是現今關於宇宙形成的最有影響力的學說。

在宇宙混沌之初，高達一百億度以上的溫度，使整個宇宙體系在高物質密度下趨近平衡。此時宇宙間充滿著中子、質子及電子等粒子形態的物質。隨著整個宇宙體系不斷膨脹，溫度亦隨之下降。當溫度下降，中子與質子結合產生重氫化學元素。而溫度驟降至數千度後，氣體卻逐漸凝聚成氣雲，並演變成各式各樣的星河體系，這是宇宙初始的原型。

一九三〇年天文學家喬治加墨提出大爆炸理論的主要論述認為：宇宙在大爆炸以前，並沒有物質、能量及生命現象，宇宙從熱到冷不斷地熱脹冷縮，其中的物質密度從稠密到稀疏，反覆演化；由熱脹到冷縮、由稠密到稀疏的過程就像一場巨大規模的爆炸，故稱之為大爆炸宇宙論。

從混沌天地到宇宙大爆炸後，整個宇宙體從大爆炸到黑洞形成，周而復始，演變成龐大及複雜的宇宙。由最小的微粒物質擴大到爆炸的過程，粒子結合產生化學變化，有了陽光、空氣、水，也有了生命。生命在進化過程中不斷演化，人類生命於焉誕生在地球上，成為宇宙銀河系中具有思考能力的高智慧生命體。

儘管宇宙起源論述眾說紛紜，宇宙體創生、毀滅並再創生的過程仍是宇宙形成的主流。大爆炸宇宙論以宇宙生、滅形成的過程，因獲得「紅位移」等眾多科學證據支持，是今天人們探討宇宙起源的熱烈話題。

大爆炸學說與宇宙歷史

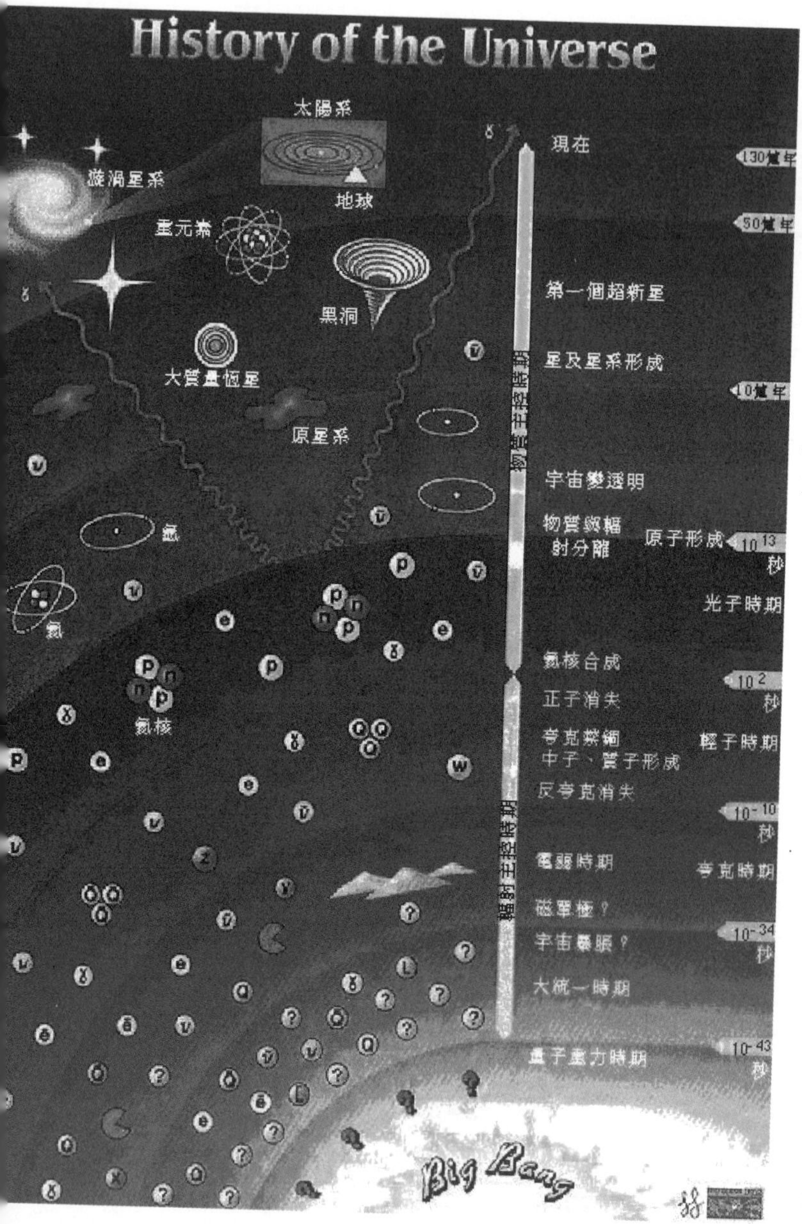
History of the Universe
太陽系
地球
漩渦星系
重元素
黑洞
大質量恆星
原星系
氫
氦
氦核
物質主控時期
輻射主控時期
現在
130億年
30億年
第一個超新星
星及星系形成
10億年
宇宙變透明
物質與輻射分離
原子形成
10^{13} 秒
光子時期
氦核合成
10^{2} 秒
正子消失
夸克禁錮
輕子時期
中子、質子形成
反夸克消失
10^{-10} 秒
電弱時期
夸克時期
磁單極？
宇宙暴脹？
10^{-34} 秒
大統一時期
量子重力時期
10^{-43} 秒
Big Bang

天地之道

老子提出關於世界本原的概念，一切由道開始。《道德經》開宗明義即點出「道」，並說明「道」是世界本原。因此，「道」是《道德經》中的核心觀點。但「道」又是什麼？「道」是由極小的能量粒子──太素元精組合而成的混沌體，比光子更細微的紅、黃、藍粒子是基本粒子，由基本粒子產生質子、中子、電子的化學元素，造成了有形物質，進而轉化成能量。

「道」是產生天地的混沌氣體，在天地形成以前就存在，「道」的時間順序可從「有物混成，先天地生」中看出。老子用「道之為物，唯恍唯惚……其精甚真，其中有信」解釋能量與氣場，說明「道」是物質，以無形無相的氣場呈現。

「道」充滿宇宙本體，生成天地萬物，可自由來去，用之不盡，因此從「是謂無狀之狀，無物之象，是謂恍惚。迎之不見其首，隨之不見其後」中得知「道」可穿透萬物，是充斥宇宙的能量，是無所不在的氣場。因此，「道」是氣場，是能量，是由極小的能量粒子組合成為龐大的統一場域。

老子說：「萬物負陰而抱陽，沖氣以為和。」並解釋萬物由陰陽二氣合和而成，詮釋「道」與「氣」的定義。所以「道」即是「氣」，「氣」即是「場」，「道」即是「場」，「場」指「場域」，代表的就是宇宙場域。

老子認為沒有「道」就沒有宇宙；宇宙天體及所有萬物皆因「道」而生，包括人類的生命本質及精神意識都是由「道」所化現，所以「道」是真實自然的存在，「道」是世界終極的物質本原。宇宙萬物由「道」造成，「道生萬物」的理論，已經在現代實證科學的能量粒子領域中獲得許多驗證。

「道」是「場」以及「場是世界的本原」，不僅是中國老莊思想的根本，對西方科學家愛因斯坦及卡普拉而言，亦抱持著相同的論點。愛因斯坦認為場是基本的粒子凝聚，是能量粒子的聚合形式。一切物質均由場很大的空間組成。透過統一場域來解釋所有現象，因此「道」是愛因斯坦論述的統一場域，此與老子發現「道」是世界本原的觀念不謀而合。西方科學家卡普拉則認為「氣」即是「場」，「道」則涵蓋「場」的觀念。由此可知，在生命的起源的議題上，不論是中國哲學所闡明的「道」，還是西方科學研究「場」的概念皆不謀而合。

第三節 生命密碼——DNA的奧秘

透過宇宙演化，銀河系產生高智慧的生命體——人類，人類生命從微小的胚胎長成，來自父母親的染色體結合，新的生命於焉誕生。因此，想要探索生命密碼，就必須解讀人類的DNA。DNA，簡而言之就是「去氧核糖核酸」，如果將DNA想像成為兩條纏繞的鍊珠，每一顆珠子就是代表一個DNA的單位，稱之為核苷酸。

一九八〇年美國政府透過國際實驗組織，開始展開漫長的人類基因遺傳圖研究，並定出DNA的核苷酸序列，其中美國物理學家伽莫夫認為細胞是藉由DNA長鏈上連續3個核苷酸所構成的密碼子（codon）所決定的胺基酸來解讀細胞密碼。所以，一切生物的生長、遺傳、發育及適應均與DNA有關，DNA是生物訊息的密碼本，這本密碼本把生物此生的訊息都記錄下來。

既然生命密碼的儲藏室來自人體遺傳的DNA中，因此每個人藉著不同的遺傳基因，不同的數字代碼能量，衍生出不同的人格特質與行為模式，並依循著此行為模式生活。如果想改變生命，重新尋找自己的人生方向與生命價值，必須瞭解生命密碼。「紫微斗數生命密碼」根據您與生俱來的密碼通行證——出生年、月、日，透過密宗紫微斗數中個人的先天命盤，為您解開不可思議的生命密碼DNA；並經由時間與空間轉換傳導特殊能量訊息，直接開啟細胞的原始本能，將蘊含在先天命格中的人格特質密碼，以知、破、解的法門，達到知命、改命、造命的終極目標，是兼具哲學與科學的統合學術，更是超越宿命，改造性靈的應用工具。

藉由「紫微斗數生命密碼」中個人的出生年、月、日瞭解，進而改變行為模式中性格的缺失，透過命盤論斷，不但可以揭開個人生命的奧秘，藉以瞭解此生使命與價值外，將「紫微斗數生命密碼」十二宮位解析運用在家庭關係與人際關係的經營管理上更能無往不利，不但自助改造命運，亦可助人，使家庭關係圓滿和樂，人際關係融洽。因此，「紫微斗數生命密碼」亦是一本人際經營管理學，善加利用「紫微斗數生命密碼」將有效提升運勢，成為一位受歡迎的人。

第四節　不可思議的生命能量

前述所言，能量在中國稱為「氣」，也就是人類的生命能量。中國人發現「氣」是所有生命的元素，當時的印度靈修者也發現「氣」的存在，「氣」是宇宙能量，並稱之為「普那」。幾千年來，中西方哲學家及科學家研究，均發現能量磁場充塞於宇宙能量場中，所有生物皆透過能量的波動來延續生命。

能量就像石油燃料般，驅動細胞透過神經叢的傳導產生新陳代謝，使生物體得以生長及繁衍、人類生命得以思考及創造，這些都是能量訊息互相交換的結果。

一切生命活動皆取決於「氣」的流動，也就是生命能量的傳導。能量決定生物體的生命興衰，能量亦可創造生物體的生命磁場。我們日常思考、行動都會耗損能量，如果生命能量過度的消耗，無法及時補充，將會導致病痛與衰老，能量也會不斷衰竭，因此各種病痛皆在於維繫身、心、靈健康和諧的

「氣」，也就是生命能量的平衡及修補。人體體內臟腑是能量的大本營，五臟六腑的能量耗損輕則精神不繼，重則危害身體健康，因此適時補充並平衡體內的能量，人體就能發揮自我療癒效能，這就是生命能量的再生。

補充生命能量，並懂得調整能量並再造能量，才是預防病痛的根本之道。二十一世紀，不少人浮現莫名的憂鬱及焦慮，憂鬱症和癌症、心血管疾病並列為現代人類三大健康威脅，要如何保持健全的身、心、靈，將是現代人最大的挑戰。

根據最新醫學顯示，身體疾病與心靈精神層面有密切的關聯，當人長期處於緊張壓力的狀況下，負面情緒與精神官能症會導致免疫系統防禦失調，進而衍生許多慢性疾病。

能量決定生命的興衰，並創造生命磁場。磁場不足，會導致能量的不平衡，生命的過程需要得到源源不絕的能量，才能維繫好的生命磁場。磁場鞏固，能量與磁場完整，才能創造完整的生命力。由能量的統整活動，淨化生命中心理的負面情緒或生理的傷害受損，讓生命達到身、心、靈的平衡與和諧，活化新生個人生命，就能提升生命的能量，達到變化性格，改變命運的目的，例如：當身體感冒，我們本能會避開冷水，並且盡量不到磁場不好的地方，以免增加生病的機率。因此，「紫微斗術生命密碼」是一門人文科學，而非迷信。

掌握生命密碼，可創造生命能量，維繫生命磁場，透過「紫微斗術生命密碼」解開生命密碼的奧妙，加上「時空輪生命密碼能量課程系列」的引導，藉由時空傳導的特殊能量轉換成生命能量波頻，與身心症狀共振，產生能量振動頻率，將承載的心理負面情緒化解並釋放症狀來源。因此生命能量可使大腦、腺體產生化學反應，激發身體的自癒能力，達到平衡生理、心理、情緒失衡所造成的負面能量，恢復身心靈的健康。

第貳篇

解開生命密碼

命運是自己的，看清命，掌握運，進而改變命運，創造命運，才可以讓生命活得更自在、更快樂。學習紫微斗數生命密碼，除了幫助自己在人生分叉路時做好抉擇外，也能讓您在遭逢人生困境時，做最理智與明確的判斷。

第一節 紫微斗數與生命密碼效益

生命中常常會出現許多麻煩與病痛，其實都是性格與業力的顯現，想要改變結果，根本的方法就是改變思想與行為的舊有模式，轉變心念的運作習性，但大部分人都很難做到這點。為了擺脫傳統的宿命觀念，愈來愈多人透過心靈諮詢方式來協助自己明心見性，並努力於日常生活中的起心動念，提升個人的生命能量，已成為現代化潮流的趨勢。

紫微斗數是最古老的命理學之一，每個人出生開始，上天就賦予個人的專屬生命密碼，紫微斗數生命密碼命盤就像身體的健康檢查報告一樣，在生命曲線圖中畫好吉凶的軌跡。一個人出生的年、月、日數字跟人格特質及機運有很大的關係。上天賜予每個人生辰年、月、日，即賜予個人的人格特質，透過自己專屬的生辰數字密碼，推演個人在紫微斗數中的命盤架構、十二宮位相互的因果關係及三方四正的定義等盤面解析，來瞭解自己，同時修正、改造自己。

以個人出生時辰反映人生吉凶的的紫微斗數，斗數命盤如同DNA圖譜，描繪個人一生的運勢興衰，唯有解開紫微斗數命盤中隱藏的生命密碼，才可透視人類的DNA圖譜。學習紫微斗數可以瞭解與生俱來的本能優勢與弱勢，藉由培養自己的先天優勢價值，彌補弱勢的部分，才能掌握後天運勢，並對自己的人生價值有思索的機會，用另一種角度察覺自我價值的體現。

紫微斗數在生命密碼中所扮演的角色如同電腦的視窗，生命密碼於外在人體為筋肉、骨骼、血液的組合；但詮釋內在性格及運勢的分析，生命密碼需藉由紫微斗數視窗來將生命密碼中各項目因子說明。生命密碼不管是透過靈數、血型、星座分析……等等，可發覺依賴的因子愈多，統計的精準度愈強，所以透過個人出生年、月、日的紫微命盤各種盤勢分析，探討的範圍將愈寬廣及深入。

「紫微斗數生命密碼」是一套兼具人文科學與統計學的統合學術，學習生命密碼，就是學習面對生命中的人生議題，把與生俱來的天賦，潛在的能力啟發出來，分析自己，瞭解別人，才能領悟人生的真諦與價值所在。透過出生年、月、日等生辰數字背後所代表的精神涵義，藉由它揭開自我生命奧秘，並瞭解此生個人的使命價值外，更可超越宿命。

透過生命密碼，人類基因（DNA）圖譜顯示出某些基因的排列組合，容易產生某種疾病。古人更透過出生時辰推論某個時辰出生的人容易遭逢某些變故，所以出生時辰除可反映生、老、病、死外，對於個人的喜、怒、哀、樂情緒指數及妻、財、子、壽等的人生大事吉凶也能透析清楚。

讓我們用不同的角度來看紫微斗數生命密碼帶給我們瞭解自己不同的方法。命運不取決於上天安排，而是掌握於自己，「性格決定命運」，個人一生成敗都是取決於性格，想改變命運的不二法門就是修正自己的個性。因為每個人性格不同都有不同的思考模式，而思考模式正是主宰人類行為舉止的最大關鍵。本書教您如何從個人的生命密碼中瞭解紫微斗數，從中瞭解個性的優、缺點所在，針對優缺點，加以善用。

命運是自己的，看清命，掌握運，進而改變命運，創造命運，才可以讓生命活得更自在、更快樂。學習紫微斗數生命密碼，除了幫助自己在人生分叉路時做好抉擇外，也能讓您在遭逢人生困境時，做最理智與明確的判斷。透過生命密碼的科學邏輯，使紫微斗數更加生活與趣味化，所以本書結合傳統紫微斗數的精華，加上生命密碼科學辯證的方式，教導大家找尋面對困境的方式。在解開個人獨一無二的「紫微斗數生命密碼」時，啟動身、心、靈各項潛能，讓您看見獨特的自己，同時導入時空輪生命密碼能量研習課程，進行各種身、心、靈轉化整合作用，讓您在追求成長的過程中，勇於面對自己的缺點，將性格中的弱勢轉化為優勢，重新學習新的模式看待人生，掌握未來。

第二節 神奇的準提佛母密法

在信仰風氣自由的今日，宗教在文明病日益增加的現代社會中，扮演穩定人心的重要角色。佛教在西元一世紀傳入後，與道家及儒學結合融合成博大精深的中國哲學，不僅影響中國人的思考方式，更深深影響社會風氣及道德思想。佛教關懷眾生心靈的修持，藉由心靈的修持啟發自身的能量，以心靈力量的覺知，提升生命能量，實現自身存在的價值。

傳統的紫微斗數只是論述星群的表現，但生命密碼中紫微斗數的論證須結合準提法門，尤其是密宗紫微斗數可提升視窗的精準度，經由紫微斗數與生命密碼可瞭解到，人的本命不可改，但透過出生年、月、日的視窗即說明，每個人自出生以後，基本的生存空間、生存方式與人生的喜怒哀樂、妻財子壽……等等，基本而言已是固定不變，但在定型化的本命中，運的運轉模式，可將生命中不足及優、缺點部分顯現出來。

根據《道藏經》中，本師佛為末法眾生重新宣說準提法，所以準提法本身是有所依據，筆者師法西藏密宗格魯教派（即黃教），主修準提法與黃財神法門，其中黃教強調顯密雙修，而「紫微斗術生命密碼」即以紫微斗數生命密碼為主軸，結合密宗準提法門及黃財神法門應用，以顯密雙修的方式，加上筆者自創之知、破、解三大運作法門，並特別搭配漸進式對生命能量修補的實體課程──「時空輪生命密碼能量研習（T.S.M）」系列，（卓越實務的課程設計，至今已有數千人實際受惠印證），事實上本書已超越了許多命理、宗教及潛能開發訓練的書籍。

西藏佛教教派緣起

西藏在十一世紀至十三世紀之間，形成眾多的佛教教派。其中四大主要教派分別為最古老的寧瑪派（紅教）、薩迦派（花教）、噶舉派（白教）及格魯派（黃教）等。

各教派廣納信眾，蓬勃發展，帶動西藏政權體制。但因教派勢力與地方勢力融合，成為實力雄厚的政教合一政權。加上西藏宗教各派競相追逐名利，產生宗教危機。十五世紀初，為了解決日益嚴重的宗教問題，宗喀巴進行宗教改革，因得到多數人的擁護，格魯派（黃教）應運而生。

寧瑪派（紅教）

由印度密宗與西藏苯教結合的古老藏密——寧瑪派。因宏揚舊密法，以舊密教典籍為主，被稱之為「古教派」，是最早成立的教派。因寧瑪教派僧侶都戴紅帽，故稱之為紅教，紅教主修大圓滿法，主張理智分析及直覺體悟，實現本體境之方法。

薩迦派（花教）

一七〇三年，西藏喇嘛孔道卡爾建造薩迦寺，寺廟以象徵「文殊」、「觀音」及「金剛手」菩薩等紅、白、黑三色條紋塗於寺廟外觀，所以薩迦派也被稱為花教，花教強調「成境為心」的本質，即是「萬法唯心」、「即心即佛」的道理。元世祖忽必烈尊五祖八思巴為國師，聲譽盛極一時，明朝曾賜教主「大乘法王」稱號。

噶舉派（白教）

瑪爾巴於十一世紀創立噶舉派，因其僧侶皆穿著白袍，寺廟亦塗成白色，故又稱之為白教。噶舉派主修「大手印法」，認為達到「明心見性，見性成佛」、「佛我合一」的境界，是「大手印」的最終目的。白教是最先施行活佛轉世制度，在建立地方政權統治後藏，聲望達到最高，明朝曾賜予噶舉派主教「大寶法王」尊稱。

格魯派（黃教）

十四世紀，自幼受戒修持的宗喀巴鼓勵僧人過著清靜無慾的生活，十七歲赴藏深造。對各教派教義深入研究，以重戒律的噶丹派為基礎，集各派大成，創立格魯派。宗喀巴著書闡揚格魯派理念，並四處講授佛法，擁戴的信徒眾多。十六世紀中期，格魯教派僧侶佔全藏近乎四分之一的僧侶，因其僧侶皆戴黃帽，所以又稱為黃教。一四〇九年甘丹寺建立，象徵格魯派黃教的創立。

黃教修持無上瑜珈密乘法門，強調顯密雙修。對僧侶要求嚴謹，政治立場上維持中立，獲得中央及地方勢力的支持，明朝曾授予「大慈法王」封號。一六四二年統治西藏，遂成為西藏社會勢力最大的教派。黃教以達賴與班禪為最大的活佛傳承，達賴傳至十四世，駐地為拉薩的布達拉宮，是全藏的政教中心；班禪傳至十一世，駐地為扎什倫布寺，管理後藏。

準提佛母廣大靈感，以清淨為基礎，以莊嚴為內涵，慈悲喜捨渡群倫是其運作模式，生命如果能夠看的開，佈施喜捨，往往得到善的結果。人的福報是很好的課題，人的左手存摺是福報存摺，右手是現金存摺，此兩者是福德並存。因此，命運更動，透過準提法門，從普通簡單的身（代表手印）、語（代表咒語）、意（代表觀想）俱足，透過息、增、懷、誅四大法門，可化解人生的困境。

修習準提菩薩的息、增、懷、誅四種成就法，息就是息災法、增就是增益法、懷就是敬愛法、誅就是降伏法，能夠成就各種祈願。其中「息」代表息災，消災解厄，可除惡業重罪煩惱等障之意。「增」代表增益，增加自身及眾生利益。「懷」代表懷愛，泛指人際關係，關懷慈悲心，求一切人敬愛和順。「誅」代表降伏，避煞，避除病痛及陰煞。息、增、懷、誅即是滿足消除一切惡業、增長智慧、關懷慈悲心、避除病痛及陰煞等願。

準提佛母稱號

準提佛母梵名Cundi，有準提觀音、準提菩薩、七俱胝準提大菩薩等譯名。「七俱胝佛母」尊稱出自

《七俱胝佛母準提大明陀羅尼經》經典中「過去七俱胝準提如來等佛母準提陀羅尼」語句，梵名為Cundi. Cundhi SaptakOti-buddha bhagavati。其中「SaptakOti」即「七千萬」之意，buddha bhagavati即代表「佛母」。俱胝是指印度代表「千萬」的數量單位，「七俱胝」即七千萬，表示眾多的意義，七俱胝佛母是七百億諸佛菩薩之母。

「準提佛母」名號主要來自七俱胝佛母，又稱為三界母或世母，是三世諸佛之母的意思，三世代表過去、現在、未來三世。「準提」意指「清淨」，「七俱胝」代表無量廣大功德，「佛母」指菩薩如母親庇佑子女般，慈悲救護眾生。

準提佛母法像意義

準提佛母會因應眾生而有不同法像示現，常見的準提菩薩像為十八臂準提菩薩。在《準提陀羅經》中描述準提菩薩法像：準提佛母身呈黃白色，結跏趺坐於蓮花上，身佩圓光，穿著輕穀，上下皆為白色，有天衣、角絡、瓔珞、頭冠，面有三目。十八臂持各種法器救渡廣大眾生，在《現圖曼荼羅》及其他經典中皆有載圖。右手所執法器順時針而下為「如意寶幢」、「蓮花」、「罐」、「索」、「輪」、「螺」、「寶瓶」、「般若篋」、「寶鬘」、「根本印」、「金剛杵」、「鉤」、「鉞斧」、「天妙果」、「數珠」、「智慧劍」、「施無畏印」。

準提佛母的十八隻手臂，是說準提佛母有十八般成佛的功德，象徵十八不共法。

1、身體黃白色：

黃色代表胎藏界，白色代表金剛界。準提菩薩的身體黃白色表徵理智不二、定慧一體，有諸佛能生萬德之義。

2、莊嚴其身：

準提菩薩莊嚴其身，身著綽袖輕羅天衣，有白輕羅綿之紋，此種種莊嚴象徵種種塵沙法。

3、身像周圓光明焰：

身像周圓光明焰，象徵智慧光明破除黑暗及妄想。

4、以白螺為釧（手鐲）：

印度以白螺為寶物，因聲音殊勝，有彰顯說法之義。準提菩薩專表說法，以白螺弘法。

5、具有三目：

準提菩薩面有三目，分別代表理、智、事，或表俱足佛眼、法眼及慧眼。

6、左右上二手作說法相：

準提菩薩左右上二手作說法印，代表破除三障，示現三眼，能渡化人道，宏法利生。

7、右第二手結施無畏印：

準提菩薩渡化人道，右掌五根手指開立，代表五智光明，施予眾生無畏心，以此手印代表大悲深重。

8、右第三手持劍：

以智慧劍破除三毒五欲煩惱，降伏四魔三障。

9、右第四手持數珠：

數珠代表智慧，也代表轉法輪。數珠以觀音大悲力為線端，數珠的母珠頭象徵本師阿彌陀佛，數珠線端為觀音，貫穿一百零八種煩惱，每轉一珠，斷除一煩惱，能斷除一百零八種煩惱。

10、右第五手持「微惹布羅迦果」：

「微惹布羅迦果」又名吉祥果，外形代表圓滿及萬善，彰顯佛果圓滿功德，以其子多，多持此物代表出生諸佛。

11、右第六手持鉞斧：

以鉞斧象徵準提菩薩能摧破一切無明與難斷的障惑。

12、右第七手持鉤：

鉤召一切眾生，代表準提菩薩具有召入如來寂靜智德的緣故。

13、右第八手持跋折羅：

「跋折羅」即三股金剛杵，能摧毀貪、嗔、癡三毒，象徵準提菩薩是三部佛母。

14、右第九手持寶鬘：

寶鬘代表萬德莊嚴，是貫穿花葉所串成的花鬘，具有平等性智的涵義。

15、左第二手持如意寶幢：

代表清淨菩提心的如意寶幢，施予滿足出世及入世的祈願。

16、左第三手持蓮花：

準提菩薩渡化人道，蓮花代表諸法自性清淨，象徵清淨人界的三毒五慾，所以手持人人喜愛的蓮花。

17、左第四手持澡罐：

準提菩薩手持澡罐，澡罐意指水瓶，水瓶象徵盛滿萬物，以此彰顯準提菩薩是三部諸尊。

18、左第五手持索：

準提菩薩能繫縛難調難伏者，不令所動。忿怒尊大都持索，索指羂索，能降伏惡魔，引入佛智。

19、左第六手持輪：

輪能摧破二十五種生死流轉，輪迴流轉寂滅，輪才停止。

20、左第七手持法螺：

法螺聲能降伏眾生煩惱障礙。吹大法螺演說大法，利益眾生，作獅子吼時，山中野獸皆被降伏。

準提佛母法像

21、左第八手持賢瓶：

準提菩薩能以賢瓶內甘露水施予眾生，開出覺性之花。賢瓶代表智慧，是準提菩薩的三昧耶形。

22、左第九手持般若梵篋：

般若梵篋表智慧之體，準提菩薩為諸佛之母，手持梵篋。十方三世諸佛皆依此般若智慧成就無上正等正覺。

準提佛母神咒

七俱胝準提佛母為三世諸佛之母，福德智慧無量，可滿足一切眾生祈願。在《佛說七俱胝佛母心大準提陀羅尼經》中，佛陀因憫念眾生，在舍衛國祇樹給孤獨園宣說「七俱胝佛母心準提陀羅尼法」，這就是「準提咒」。根據《準提陀羅尼經》中記載，佛陀為了悲念惡業眾生，所以入於準提三摩地，宣說過去七俱胝佛所說的準提咒。同時，在《佛說大乘莊嚴寶王經》中記載，七十七俱胝諸佛如來，在六字大明咒的因緣下示現，共同宣說準提神咒。因此咒起現根源於此，所以準提菩薩是七十七俱胝佛所共同加持的化身。

因準提咒擁有不可思議的神奇威力，被稱為神咒之王。準提咒的功能即在於準提菩薩於六道中掌管人道，所謂人道即與人有關的喜、怒、哀、樂及生、老、病、死，所以人在產生畏懼心及恐懼心時，如果修持的話，會俱足生命的寬度、廣度及容忍度。在修持準提法者如能如法，首先會對個人、家庭、國家，乃至工作、事業、婚姻、財庫等有莫大幫助，可求得智慧、夫妻合諧、子嗣、延壽增福、滅除罪業、治療疾病……等種種願望，俱足人的圓滿功德。

準提菩薩以眾生需求的慈悲渡化人道，因此修學準提咒並無限制，人人都可修習讀誦，適合一般眾生在家修行誦持。準提法流傳數千年，在密宗正統傳承下如法，是修法者的福報。準提佛母的慈悲加持，讓讀者俱足因緣，所以務必把握難得的機緣。

準提佛母神咒（長咒）

南無 颯哆喃 三藐三勃陀 俱胝南 怛姪他

唵 折隸 主隸 準提 梭哈

準提佛母神咒（短咒）

唵 折隸 主隸 準提 梭哈

準提法及準提咒如何修持?

準提咒有長咒及短咒，長咒包含護持的部分，持誦準提咒最好能完整瞭解咒語真意，如此持誦準提咒，更能與準提佛母心意相應。

「南無」（namah）是歸命的意思。

「颯哆喃 三藐三勃陀 俱胝南」是七千萬正等覺。

「怛姪他」是「即說咒曰」。常常出現在一般的咒語之中，「怛姪他」之前的咒語是歸敬文，接下來的是咒語的中心內容。

「唵」是咒的起音。唵字是皈命。也可以說是咒的起始。

「折隸」是覺動。

「主隸」是生起。

「準提」是清淨。

「梭哈」是成就的意思。

整句咒意是：由覺動，大覺之動，而生起清淨的成就。

此咒意中，「覺動」是大悲心遍起，所以體性是清淨的，以清淨的體性生起大悲心，這是由於七十七俱胝佛共同加持得來的。

準提佛母神咒是世尊經思維觀察未來眾生，宣說無上方便法，常常誦持可滅諸罪孽障惑，遠離身體病苦，使人不墮惡業，遠離災難，圓滿福智資糧，隨處得遇善知識，並常為諸天善神護法所護念。

第三節 準提咒與了凡四訓

明末袁了凡相信人生依北宋易學大師邵康節先生皇極數預測而行，命運皆有定數，因此對人生漠然。在他的示子書《了凡四訓》第一篇〈立命之學〉中提到他因誦持準提咒而改變一生，同時將「改運之道」和「修持準提法門」做了詳盡解釋。袁了凡從不瞭解到瞭解，進而身體力行，成就的部分即是以準提法為依歸。

一五六九年，袁了凡接受南京棲霞山雲谷禪師開示造命改運方法，從此洗心力行「改過、積善、謙德」之法，並持誦「準提咒」。雲谷禪師在傳授袁了凡如何改運之道時，用了兩個最重要的方法：一是「做三千件善事」、「改過檢討自己」、「謙虛持德」。他從此不斷地行善。往往以行善三千件、一萬件數量自許。所以能心平氣和反省檢點，改掉以往的毛病與習性；二是「持誦準提咒」。禪師告訴他：「但能持準提咒，無記無數，不令間斷，持得純熟。於持中不持，於不持中持。到得念頭不動，則靈驗矣。」

雲谷禪師並沒有要袁了凡「放下一切」，他傳授的改運秘法，就是讓袁了凡循序漸進修持「準提咒」。

觀世音菩薩救渡蒼生分入六道，其中準提菩薩主司護持人道，為救渡一切人間眾生。因此雲谷禪師要袁了凡藉著修持「準提法」改變命運，多做善事增加福報。因此透過修習「準提菩薩」傳授的「準提法門」確實能心想事成，並達到知命、破解命運的境界！

想要延壽、增福報、求官、求子的袁了凡心願果報，原本只能活到五十二歲，沒有子嗣，當一個小小的七品縣官的袁了凡，卻活到七十四歲（延壽），後來加封為中央高官尚寶寺少卿（求官），十二年後甚至有了子嗣（求子），驗證他改變命運，突破皇極神算預言的宿命格局，讓往後的人生歷程比原先預測的還要好。

所以研究生命密碼，不管什麼方法，尤其是紫微斗數，可看到現在、過去、未來的預估性及精準度。但結合準提法，人的一生可做部分的更動及修正，符合道家及坊間所謂的趨吉避凶。換言之，生命密碼讓人的視窗在人生的高、低潮取得平衡，不會錯失了高點的機運，及在低點的茫然不知所措。袁了凡依此功德，以功過格及準提法門將命運改變。由此可知，準提法需由立命之學開始，而且是縱貫古今。

有人形容人生像股票，什麼時候該進場，什麼時候該退場，時間是很重要的，有了時間點的支撐，空間才可運作。

從古至今，準提法及準提咒一直與紫微斗數生命密碼有很大的關聯性，因為一個人的功過格每天都在產生，如何運用功過格？尤其是佛教末法時期，如何開拓智慧？度過每階段的痛苦，準提佛法是很好的選擇。

第四節 宏法利生的黃財神法

黃財神藏名「臧拉色波」，又名「財貨自在」，是寶生佛所化現的大菩薩，黃財神因應不同領域幫助眾生，其身、口、意、福業、功德等又化身成五色財神，即黃財神為意、紅財神為口、白財神為身、藍財神為福、綠財神為功德化身。而黃財神是集所有財神的化現總合，所以是西藏密宗黃、白、黑、紅、綠五財神之首。

眾生修習財神法的功德非常殊勝，財神法可讓修持者福報俱足，發心為善，消除因為貪心、吝嗇與惡業造成的貧困，賜予祈求者財利富足，不為生活所困，方便安心求道。

釋迦牟尼佛在中印度摩陀國靈鷲山宣說大般若經時，諸魔鬼神皆來破壞，黃財神現身保護法會，聞法諸弟子才可安然無恙。釋迦牟尼佛咐囑黃財神為大護法，於未來世協助利益貧苦眾生。因此黃財神成為密法護法，掌管財庫，為諸財神之首，此即黃財神化現因緣。

黃財神身金黃，一面二臂，肚大身小，雙手具大力，右持摩尼寶珠，左抱吐寶鼠，頭戴寶冠飾摩尼

黃財神法像

寶，身著天衣，以藍色蓮花及珠寶瓔珞為飾，胸前掛烏巴拉念珠，重寶瓔以為莊嚴。左腳曲、右腳輕踩海螺寶，雙足以如意坐姿安坐於蓮花月輪座。

修習供養黃財神的方法有火供、水供等多種，也可以請上師壇城施法，黃財神的修法屬於密續中的作部，為令密乘行者有資財宏法利生，不為生活逼迫。

修法者愈是心存善念、捨得佈施及迴向十方，愈能得到黃財神庇佑，財源廣進，免除六道窮困；更能增長福德、壽命與智慧，俱足世間及出世間資糧，賜給信眾財利。若能發無上菩提心，救渡貧苦眾生，所獲福德不可限量，自然如願成就，圓滿富足。

黃財神咒語

嗡 藏巴拉 雜念 雜耶 梭哈

為何要修持財神法與財神咒？因財神法與財神咒與「紫微斗術生命密碼」有極大的關聯性。財神咒可助財、旺財、鞏固財庫及事業基礎，命帶財庫之人與財神有關，應修持財神咒。修持者可利益自己，亦求功德圓滿。所以，不管各行各業，大眾喜修財神法。準提佛母、黃財神因應眾生需求，透過修持準提法及財神法，能幫助更深入看清「紫微斗數生命密碼」，同時亦可協助度過生命中最脆弱及痛苦的時期。

❖第參篇❖

預知生命未來

命理哲學是屬於哲學思考性的，探討命運形成的因果關係。命運的形成主要來自內在環境與外在環境，內在環境如個人身體、性格優缺點等因素，外在環境諸如社會因素、環境因素，若能瞭解並善加利用優勢因素，就能根本改造個人的命運。

第一節 中國星相學──紫微斗數緣起

《內經》有云：「人與天地相參也，與日月相應也。」古代聖賢經由觀測天象來瞭解宇宙與天體運行的奧妙，間接體悟大自然與人的微妙關係，從太陽、月亮與星辰的運行開始，無不受地理環境與天體運行的互動影響，因而在西洋有天文占星學的發展，在中國則演化成今日流傳的紫微斗數。

根據《易經》星相學，遠從五千年前的中國歷史中得知，已有許多人陸續發現紫微斗數的存在，算出人的運勢，並非憑空杜撰。紫微斗數始於唐、宋之間，歷經唐朝李淳風、宋朝陳希夷與邵康節、明朝羅洪先及清朝青城道士等多人研究。其中李淳風發明的候風地動儀與邵康節研究的皇極數皆與紫微斗數有所關聯，其中陳希夷被認為是紫微斗數的集大成者。

紫微斗數派別眾多，一般有十二宮位派、大小限派及星派等等，不管派別，各具特色。紫微斗數在天命及人運的論斷上準確度極高，雖流傳已久，卻歷久彌新，六〇年代後期開始風靡華人地區，迄今台、港及中國大陸亦興起學習熱潮，是中國傳統五術命理中最具淵源者，為中國五大神數之首。

論命最主要就是探知個人運勢的吉凶，生命在呱呱墜地那一刹那間形成，靈體與肉體的緊密結合而成，但每個人命運的榮枯好壞大致依個人命格而行。本書最主要是透過出生年、月、日的生命密碼DNA發現，紫微斗數在此視窗中滿足生命密碼的需求，但透過對生命密碼的多年研究，紫微斗數不論再精確，只能做到「知」、「破」的部分，「解」的部分尚需由密宗，尤其是準提法門才能達到更深入的詮釋。紫微斗數合理的組合與搭配，一方面可提升生命密碼的準確度，一方面可增加它的廣度及深度。

命理一般可分為命理哲學及算命術，算命術是屬於機械性的操作工具技巧，以預測個人的吉凶禍福為判斷標準，並趨吉避凶，但如遇逆境均透過算命方術解決，就容易變成流於改運的輪迴中，讓算命方術淪為沒有思想，成為形而下的命理工具外，也讓命運主宰自己的生活。

命理哲學是屬於哲學思考性的，探討命運形成的因果關係。命運的形成主要來自內在環境與外在環境，內在環境如個人身體、性格優缺點等因素，外在環境諸如社會因素、環境因素，若能瞭解並善加利用優勢因素，就能根本改造個人的命運。從命理哲學思考命運的形成根本，這也是改變命運的關鍵所在，因為唯有真正瞭解命運產生的道理，才能改變心念，創造新的生活模式，由裏到外徹底改變命運。

紫微斗數結合了統計學、心理學及邏輯學的理論而集大成，它已經從傳統的算命方術提升成為命理哲學。將紫微斗數運用在瞭解過去、預知未來及識人用人方面，確實已有許多成功案例。藉由命理預測人生禍福，只是方法及過程，最重要的是知命以後，要以何種心態去調整，並尋求解決的方法，這才能達到所謂的改命、造命的終極目標。「紫微斗數生命密碼」結合密宗、紫微斗數及生命密碼，除了「知命」、「改命」外，最重要的還是根本的變化命運模式，即是「造命」的部分。

命和運可拆開來看；命是先天，運是後天。先天是無法改變的，然而後天的運，卻可因人而異。就如同小孩出生時，先天體質不佳，但經過後天的細心調養後，一樣可以平安健康。所謂：「一命二運三風水，四積陰德五讀書。」除了命定八字不能改變之外，後天的運勢都可因人而異。

命運如果可以更改？那該如何改變？「命」是化學變化，不可改變，但「運」是物理變化，可以改變與轉換。「紫微斗數生命密碼」讓您知命外，更從命理哲學的角度切入，討論人的天生本能及思考模式對命運變化的影響，讓您瞭解命運，輕易達到「知命」、「改命」。當我們掌握生命中的關鍵訊息——生命密碼，並透過「時空輪生命密碼能量開發研習」系列課程改變它，命運才能掌握在自己手中，才有可能找到新的生命出路，創造生命奇蹟，達到「造命」的終極目標。

第二節　紫微斗數創作原理與十二宮位詮釋

從宇宙的形成（大爆炸學說）開始，天體運行千變萬化，由十二宮位及九大行星，幻化各種星象排列，產生不同的磁力牽引，這是累積千年古老的智慧及經驗發展形成的中國星相學。紫微斗數以一百零八顆星宿配合十二個宮位推論個人的命格、流年及大運，是一門相當科學的星象學，其精準度比西洋十二星座學更勝一籌。

中國的紫微斗數如同西洋十二星座學一樣，將天上星宿的名稱予以擬人化，不同的星宿賦予獨特性格的命名，饒富趣味。以紫微星為主，紫微星又名北辰、極星或北極星。其中，「斗」代表天上的南北斗，因以其為主星分佈於命盤推演，故稱之為斗數。以紫微星為首，故稱為紫微斗數。紫微斗數甲級星曜共有二十八顆，分別為十七顆主星、六顆吉星、六顆凶星及四顆化星，其餘分別為乙、丙、丁、戊等四級星曜，共計一百零八顆。

紫微斗數的基本結構是根據每個人的出生年、月、日、時，並將主星及其他百餘顆星曜分別安放在十二宮位上；這十二個宮位順序依次為命宮、兄弟宮、夫妻宮、兒女宮、財帛宮、疾厄宮、遷移宮、僕役宮、事業宮、田宅宮、福德宮、父母宮，經由命盤的組合再推演個人的流年運勢。首先定命、身宮及五行局，然後以紫微星定位，其餘主星亦跟著定位，同時依據出生的年、月、日、時安放其他的輔佐星曜，這便是排盤（或稱起盤），根據星曜坐落的宮位及星與星的相互關係，進而推算生命中「生、老、病、死」、「妻、財、子、壽」等人生八大事的價值觀及標準，從中瞭解個人的運勢、際遇。

藉由本書可從最基本的紫微斗數宮位、星曜特性的瞭解，到論盤技巧的解說，就算是從未接觸過的人，也能在最短的時間內輕易上手，在極短的時間內學會紫微斗數論盤。對於想瞭解個人特質及未來運勢有極大的助益，這也是紫微斗數能夠廣為流傳的原因。因此學習「紫微斗數生命密碼」可突破人生困境，預知人生運勢吉凶，做好自我生命管理，所以紫微斗數亦是一套實用的「生命管理學」。

學習紫微斗數可概分為三個部分：首先必須明白如何排盤；排盤的過程中，對於十二宮位及各星曜特性一定要透澈瞭解，並加以熟記；最後，亦是最重要的部分就是解盤分析，解盤分析的技術可看出真正的功夫所在，也考驗著每一位論盤者的實力深淺。

第一部分：紫微斗數排盤及十二宮位順序

排盤是紫微斗數最基本的入門功夫，從排盤的過程中可瞭解十二宮位所代表的順序及意義，雖然拜現代資訊所賜，透過電腦軟體即可線上排盤，但仍建議初學者將基本功夫練習好，加強熟悉手工排盤的技巧。

第二部分：認識紫微斗數各星曜特性

紫微斗數一百零八顆星曜，每顆星曜都有獨特的個性，就像每個人擁有特殊的人格特質一樣。不論是甲級星中的十七顆主星、六顆吉星、六顆凶星、四顆化星，乃至乙、丙級星等，學習紫微斗數必須充分瞭解各個星曜的特性，及它所延伸的涵義。

第三部分：紫微斗數的解盤分析

透過紫微斗數的命盤分析，命宮主星所代表的意義是什麼？是單星還是多星？若有數個主星，星曜與星曜之間的互動及牽引又代表什麼意義？那何謂「三方四正」？何謂「機、梁」格？而「殺、破、狼」格局的人又有何特質?星曜在十二宮位中看似獨立，其實交錯複雜，這就是紫微斗數解盤的精髓奧妙所在。

紫微斗數的原始基本盤

紫微斗數中，紫微星群及天府星群排列時，以紫微星和天府星「出中宮、入寅宮」而得知「紫微斗數原始基本盤十二宮位圖」，同時產生另外的十一個基本盤。紫微是十七顆主星的第一顆星，紫微星「出中宮」入地支是寅宮；寅宮又是每年的首月，所以十二宮位自寅宮開始順數月分，寅宮是紫微斗數原始基本盤的第一宮——命宮。

寅宮是紫微斗數原始基本盤的第一宮——命宮，則丑宮就是紫微斗數原始基本盤的第二宮——兄弟宮，依此類推。

巨門 巳	廉貞 天相 午	天梁 未	七殺 申
貪狼 辰	天府 紫微 中宮		天同 酉
太陰 卯			武曲 戌
天府 紫微 寅	天機 丑	破軍 子	太陽 亥

紫微斗數原始基本盤

巨門 第十宮 【田宅宮】巳	廉貞 天相 第九宮 【官祿宮】午	天梁 第八宮 【僕役宮】未	七殺 第七宮 【遷移宮】申
貪狼 第十一宮 【福德宮】辰			天同 第六宮 【疾厄宮】酉
太陰 第十二宮 【父母宮】卯			武曲 第五宮 【財帛宮】戌
紫微 天府 第一宮 【命宮】寅	天機 第二宮 【兄弟宮】丑	破軍 第三宮 【夫妻宮】子	太陽 第四宮 【子女宮】亥

紫微斗數原始基本盤十二宮位圖

十七主星在十二原始宮位的所在地歸納

一、原始【命宮】在寅宮，「紫微」和「天府」是紫、府星群的首要之星，亦是原始【命宮】的主星；「紫微」為「帝主」，化氣為「尊」。「天府」象徵協助「帝主」治理的「帝之輔佐」，故天府為掌令者，化氣為「賢能」。

二、原始【兄弟宮】在丑宮，「天機」是原始【兄弟宮】的主星，主掌兄弟及平輩的互動關係，因此化氣為「善」。

三、原始【夫妻宮】在子宮，「破軍」是原始【夫妻宮】的主星，主掌婚姻及生育；此外「破軍」具有火的烈性，因此化氣為「耗」。

四、原始【子女宮】在亥宮，「太陽」是原始【子女宮】的主星，用來判斷有無子女；此外「太陽」是乾卦的化身，為官權的象徵，因此化氣為「貴」。

五、原始【財帛宮】在戌宮，「武曲」是原始【財帛宮】的主星，主掌財富進出，因此化氣為「財」。

六、原始【疾厄宮】在酉宮，「天同」是原始【疾厄宮】的主星，代表原始的生命力，並主掌身體及容貌，因此化氣為「福」。

七、原始【遷移宮】在申宮，「七殺」是原始【遷移宮】的主星，具有衝鋒陷陣、冒險犯難的特性，且言出必行，因此化氣為「權」。

八、原始【僕役宮】在未宮，「天梁」是原始【僕役宮】的主星，代表與眾生的互動關係及外緣，因此化氣為「蔭」。

九、原始【官祿宮】在午宮，「廉貞」和「天相」是原始【官祿宮】的主星，主掌權力，得勢時可以權囚人，失勢時反被所囚，因此化氣為「囚」。

十、原始【田宅宮】在巳宮，「巨門」是原始【田宅宮】的主星，主掌陰暗及爭鬥之意，因此化氣為「暗」。

十一、原始【福德宮】在辰宮，「貪狼」是原始【福德宮】的主星，主掌思考力、精神意識及智慧，為多欲之星，因此化氣為「桃花」。

十二、原始【父母宮】在卯宮，「太陰」是原始【父母宮】的主星，太陰為坤卦的化身，亦為「田宅主」，因此化氣為「富」。

紫微斗數生命密碼概論

安紫微諸星訣

紫微逆去天機星
隔一太陽武曲辰
連接天同空二宮
廉貞居處方是真

安天府諸星訣

天府順行有太陰

貪狼而後巨門臨
隨來天相天梁繼
七殺空三是破軍

宮位與星曜是構成紫微斗數的兩大基本要件，宮位由命宮開始到結束，十二宮位位置依序排列為：

命宮→父母→福德→田宅→官祿→僕役→遷移→疾厄→財帛→子女→夫妻→兄弟

利用口訣或其關聯性帶動，例：

一、以順時針來看，生命（命宮）是由父母所賜予的，而兄弟姐妹屬旁系血親，所以命宮的前面是「父母宮」，後面是「兄弟宮」。

二、以逆時針來看，兄弟長大後各自結婚（夫妻宮）生子（子女宮），子女的教育費需要錢財（財帛宮）。

三、以對宮來看，父母的健康是身為子女的我們所該關心的，所以父母宮的對宮是「疾厄宮」，與朋友之間情同手足，因此兄弟宮的對宮是「僕役宮」，以此類推。

天干、地支的位置及排序方法

一甲子以六十年計

一、十天干──甲、乙、丙、丁、戊、己、庚、辛、壬、癸。

二、十二地支──鼠、牛、虎、兔、龍、蛇、馬、羊、猴、雞、狗、豬。

三、地支──子（23時～1時）、丑（1時～3時）、寅（3時～5時）、卯（5時～7時）、辰（7時～9時）、巳（9時～11時）、午（11時～13時）、未（13時～15時）、申（15時～17時）、酉（17時～19時）、戌（19時～21時）、亥（21時～23時）。

地支年為正犯太歲年，往前往後數四支為偏沖。

逢閏月：15日以前算上個月，15日以後算下個月。

正、偏沖太歲年的算法

地支年為正犯太歲年，往前往後數四支為偏沖。以地支年來看，例：今年（97年）為戊子年，十二生肖中「鼠」與地支的「子」相對應，所以鼠為正沖之生肖。偏沖之生肖為正沖生肖之前四個及後四個，所以偏沖之生肖為「猴」及「龍」。逢閏月時以15日以前算上個月，15日以後算下個月。

三方四正的算法

一、所謂三方四正基本宮即命宮、財帛宮、官祿宮、遷移宮。

二、三方——本宮前第四個及後第四個＋本宮。

三、四正——本宮之對宮＋三方宮位，即為四正。

命宮及身宮的位置

例如：王大明為A年B月C日D時出生

一、如何找出王大明命宮位置？

1、首先找到寅宮所在。

2、由寅宮開始，順時針往前，前進B格。

3、再由目前宮位，逆時針往前，前進D格。

二、如何找出王大明身宮位置？

1、首先找到寅宮所在。

2、由寅宮開始，順時針往前，前進B格。

3、再由目前宮位，順時針往前，前進D格。

流運（年、月、日）的算法

例如：同樣以王大明為A年B月C日D時出生為例

一、如何尋找流年：

1、以天干地支年來看，例如：民國97年為戊子年。

2、流年要以地支年「子」年來看，找到子宮，此宮即為該流年宮位。

二、如何尋找流月：

1、以流年為基數，由流年宮位算起，逆時針往前，前進B格。

2、以目前的宮位來看，順時針往前，前進D格。

3、此宮位為流月的1月，順時針依序排列為農曆2月、3月……12月，以此類推。

三、如何尋找流日：

1、先找到流月的目前農曆月分之宮位。

2、此宮位為流日的1日，順時針依序排列為農曆2日、3日……12日，以此類推。

四、如何尋找流時：

1、先找到流日的目前農曆日期之宮位。

2、此宮位為流時的子時，順時針依序排列為丑時、寅時……亥時，以此類推。

（身體）疾厄 ← 財帛 ← 子女 ← 夫妻
↓ ↑
遷移 兄弟
↓ ↑
僕役（交友） 命宮
↓ ↑
官祿（事業）→ 田宅（先天格）→ 福德

流運需注意事項

流運中遇到以下星曜，需特別留意事項：

一、破軍：情緒起伏較大，個性急躁、好勝心強。

二、蜚廉：容易受傷，尤其是外傷，易犯小人。

三、擎羊：外傷，若再遇化忌，需小心血光，此星最怕遇地空、地劫，易流於困苦。

四、祿存：別人贈與之財，屬於被動財，花錢較有計畫性，較為小氣。

五、七殺：喜歡變動，工作、住家、情感容易有變動，心情浮躁，做事特別喜愛刺激。

六、化忌：小心小人運特別強，容易出爾反爾，不輕易信任別人，最好不要管太多閒事。

十二宮位與身宮的定義及功用

紫微斗數命盤中的十二宮，將人生所面臨的大事及運勢表現出來，每個宮位的定義可從字面瞭解基本涵義，一般稱之為平盤。但在「紫微斗數生命密碼」中，除了可預知自身發生的大事外，更可深入瞭解與環境對應的關聯性，及該宮位對自己與六親產生的影響性，這是紫微斗數生命密碼的一大特色。

紫微斗數在生命密碼中十二宮位扮演的角色，分別為「命宮、父母宮、福德宮、田宅宮、官祿宮、僕役宮、遷移宮、疾厄宮、財帛宮、子女宮、夫妻宮、兄弟宮」，這是人一生中的主要項目。生命是父母所賜予，所以有命宮就有父母宮；父母所產下的手足，因此有兄弟宮，所以父母宮與兄弟宮在命宮的左右兩側；所謂「在家靠父母，出外靠朋友」，因此命宮對宮為遷移宮，藉由遷移宮可看出個人外出的運勢及是否有貴人相助？父母宮旁邊的福德宮則代表個人先天的福報與福氣，人的左右手分別握有福報存摺與現金存摺，左右兩手相對應才能產生莫大財富，所以福德宮對宮為財帛宮；福德宮旁邊的為田宅宮，為個人的置產與購屋計畫，甚至居家環境、室內配置及床的擺設皆有關係。

官祿宮亦有人稱之為事業宮，代表個人的工作屬性及事業的經營模式，如是否具備創業特質？適合獨資或合夥等？透過官祿宮的詮釋，甚至可瞭解個人在職場的角色扮演；接著為僕役宮，亦是俗稱的交友宮，外出運很重要，但交友運亦不可忽略。個人所結交的朋友，是損友還是益友？往往差別很大，足以影響一生發展，所謂：「近朱者赤，近墨者黑。」僕役宮呈現個人一生交友的特質、狀況，如喜歡交往的朋友類型、數量，及有無知己……等等。

另外不可忽略的是疾厄宮，從出生後的身體狀況、個人體質、疾病源頭皆屬於疾厄宮，所謂：「沒有健康的身體，就沒有強壯的未來。」要有健全的未來，身體的保護是很重要的。所以當個人生命密碼知曉後，就可清楚身體的強弱之處及保養之道，同時有無內外傷及內部器官病變也可從疾厄宮看出；財運則與財帛宮有關，一個人有無財庫可由財帛宮看出，同時亦代表個人理財及消費模式，與官祿宮互相輝映；福德宮則可看出個人的思維模式、慾望及興趣嗜好等，甚至可以瞭解個人業力福報欠缺的項目所在，在隱性命運的表達上，更是不容忽視。

在子女宮的部分，子女的DNA基因是具有傳承的，個人的父母宮、命宮及子女宮，往往在貫穿上是無法抹滅的，而子女的往來互動、外表長相及身體特質，皆可從子女宮瞭解。最後為夫妻宮，夫妻宮可看出另一半的長相特質、工作屬性及相處模式，當然也可瞭解夫妻緣分、應對模式，有人說：「十年修得同船渡，百年修得共枕眠。」從夫妻宮可看出夫妻在家中扮演的角色，是以夫為貴？還是以妻為德？所以，是否可娶到貌美嬌妻，需從夫妻宮照會福德宮來瞭解；除了十二宮外，不可不談到身宮，它可依附在十二個宮位中，因此特別值得一提的是身宮所代表的是動力與執行力。命宮代表先天本命，福德宮則是福德的源頭、比例及特色。三者配合，一個人的生命特質當可一覽無遺，準確度高達百分之九十。

一般而言，主星絕大部分會分佈在十二宮命盤中，此時會產生宮位中同時出現吉星和凶星，所以一張命盤中不會全部都是「吉星」或全部都是「凶星」，亦即一般人不可能擁有全部的好運或擁有全部的厄運一樣，這是學習「紫微斗數生命密碼」重要的觀念，更是輝映生命中生老病死、妻財子壽及喜怒哀樂的準確關鍵所在！

十二宮位與身宮的涵義

一、【命宮】：代表個人容貌，先天運勢，命運主軸，基本個性與人格特質，甚至一生的境遇與成敗關鍵；亦可代表個性好壞、性情、專長才能等，是整個命盤的重心。

二、【兄弟宮】：代表個人對兄弟姐妹及好朋友的態度或關係；包括兄弟姐妹的多寡，緣分厚薄，個性好壞，互動關係，未來發展及有否助力等；也可代表朋友或合夥關係。

三、【夫妻宮】：代表個人配偶或感情對象的類型，對感情的模式及婚姻的狀況；包括夫妻感情，相處模式，個性好壞，緣分深淺，容貌體型，出身背景，婚姻生活，經濟能力及發展等。

四、【子女宮】：代表個人對子女的態度、管教方式及期望；包括子女多寡，緣分深淺，資質好壞，品德個性，性情才華，前程發展，成就高低，成長過程，身體健康及孝順與否等；也象徵性能力、性生活及生育能力。

五、【財帛宮】：代表個人的經濟狀況及賺錢財庫模式；包括對財富節約或浪費，財源是否穩定，理財能力，財運好壞，財富多寡，是否有正財或偏財等。

六、【疾厄宮】：代表個人的體質、健康狀況及對疾病的處理模式；包括疾病種類及輕重，先天較弱器官，有無重大災病，凶險意外等；亦可觀察情緒的表達方式。

七、【遷移宮】：代表個人給人的印象及對外人際關係；包括外出的際遇及運勢，外出的人際關係，交通狀況，環境的適應力，搬家、遠行、出國旅遊及旅遊運勢，是否會離鄉背井等；並包括適合投資與否。

八、【僕役宮】：代表個人與朋友、同事間的交往及相處狀況；包括自己與部屬關係，平輩關係，交友狀況，領導能力，是否適合與朋友創業。

九、【官祿宮】：代表個人適合的事業發展及對工作的態度；包括有無企圖心，工作能力，行業性質，職位高低，上司關係，事業夥伴關係，創業或上班型態及變動狀況等。

十、【田宅宮】：代表個人理財的狀況及態度；田宅亦可視為財庫，包括不動產狀況，購屋能力，住家環境，房屋坐向方位，家庭環境，生活狀況；另可代表家族，如祖業家運，風水，庇蔭與否。

十一、【福德宮】：代表個人腦中思維及慾望想法；包括個性思想，潛意識，興趣嗜好，生活品味，物質生活，身體健康，壽命，個人修養，錢財來源，祖先庇蔭與否，也代表業力及福德欠缺所在。

十二、【父母宮】：代表個人對父母親、長輩或上司的相處態度及關係；包括與父母的緣分厚薄，父母庇蔭與否，父母影響力，父母個性，父母社會背景；另也包括親友長輩關係及上司互動狀況等。

十三、【身宮】：通常輔助【命宮】；代表後天運勢，亦即經由後天努力改造命運，所謂先天看【命宮】，後天看【身宮】。

1、【身宮】必定與【命宮】、【夫妻宮】、【財帛宮】、【遷移宮】、【官祿宮】、【福德宮】同宮。

2、與【命宮】同宮：主觀意識強，固執、死板、執著，不易受外在環境影響，功過自己承擔。

3、與【夫妻宮】同宮：重感情，注重家庭生活，易受配偶影響，但問題也容易出現在兩性及夫妻上。

4、與【財帛宮】同宮：一生庸碌，以賺錢為目的，價值觀偏向錢財，容易受經濟狀況左右。

5、與【遷移宮】同宮：工作及住家容易有變動，容易受外在環境影響，不安於室。

6、與【官祿宮】同宮：事業心重，熱衷名利與地位，追求事業成就為目標，錢財容易留給後代使用。

7、與【福德宮】同宮：注重生活品味及享受，容易受祖先、因果、願力及業力影響。

第三節　紫微斗數星曜基本排列及星意探索

正如西方的十二星座學一樣，中國的紫微斗數將天上星宿藉由擬人化的意象賦予不同的名稱，使人產生趣味的想像空間。古人以星宿代表各種事物的吉凶變化，將天上星宿依地球自轉軸延伸至天體所會極點，最接近的一顆星，定為北極星，就是紫微星。再以紫微星為主，定出紫微、太陽、太陰三顆中天星及北斗七星（貪狼、巨門、祿存、文曲、廉貞、武曲、破軍）、南斗七星（天府、天梁、天機、天同、天相、七殺、文昌），並加上四顆北斗助星（左輔、右弼、擎羊、陀羅）及四顆南斗助星（火星、鈴星、天魁、天鉞）……等，共十七顆主星，八顆助星。

紫微斗數星曜的分佈產生基本的命盤格局，十七顆主星中每顆星曜都具有獨特的星性，但因宇宙萬物都有磁場，星曜之間亦會產生磁力互相牽引，其他星曜會表現出相當程度的影響力，六吉星與六煞星也會加強或減弱主星的優、缺點。同時加上陰陽五行的相生相剋，星曜、十二宮位和五行局之間的五行生剋，所產生的強、弱、旺、衰亦對個人運勢產生相當程度的影響力。

紫微斗數星意探索

一、紫微星

特性及屬性

紫微是原始命宮的主星，因此被古人定義為「帝主」。五行屬土，是北斗的主星，主掌宇宙造化。紫微在傳統思想上是代表帝皇的帝王星，因此喜歡掌權，是領袖型人物，地位和權限至高無上，所以紫微星有高傲自大的性格。統馭能力強，能夠獨當一面，有優越感及使命感。喜歡發號司令，有事業慾，企圖心旺盛，有時顯得很固執倔強，為人主觀，自尊心強，深沉內斂而好面子。

坐落宮位或加會其他星曜代表涵義

1、紫微坐落命、身、福德宮，言行氣派威嚴，不喜歡受人約束、性格孤僻、重享受，喜歡領導；易有桃花，愛面子、重名譽，不輕易低頭。

2、紫微坐落父母宮，父母喜歡掌權，管教嚴格，注重子女教養。

3、紫微坐落田宅宮，喜愛住豪宅。

4、紫微坐落官祿宮，具備正官印，力量最強，有領導格局及大將之風。

5、紫微坐落僕役宮，選擇有權勢或對自己有幫助的朋友，但好面子不會向朋友周轉。

6、紫微坐落遷移宮，在外表現執行力果斷，不服輸的個性，意志力強，脾氣硬，但不會承認。

7、紫微坐落疾厄宮，腸胃不好，吃東西不宜忽冷忽熱；意志力支撐強，腦壓大，心肺功能差，易患頭疾，但不喜歡告知別人自己身體狀況。

8、紫微坐落財帛宮，雖無財庫，但對金錢的主控意識強，工作上先創造好聲名，才會有錢途。

9、紫微坐落子女宮，喜歡掌控房事主導權，佔有慾強，子女數不多，容易生男丁。

10、紫微坐落夫妻宮，另一半喜歡掌權，姿態較高，要注重溝通。

11、紫微坐落兄弟宮，兄弟相處如君臣，要表現好，兄弟才能相處融洽，兄弟緣分較薄。

12、紫微加會左輔右弼，善管理，有社交地位，易得貴人相助。

13、紫微加會昌曲，學歷高，有名氣及才情。

14、紫微、破軍同宮，破軍會被紫微所用，強化紫微力道，但不免情緒起伏較大，且不易控制。

二、天機星

特性及屬性

天機在陰陽五行中屬木，為南斗第三星，多計謀，善機變，反應敏捷，是「善變」之星，亦為「延壽」星。常熬夜晚睡，愛動腦及鑽牛角尖。心地善良，容易捨己為人，但膽識猶嫌不足。其善變的特性使天機難安於現狀，好高騖遠，穩定性不足。天機星反應靈敏，口才佳，富機略，善策劃，適合為人服務，雖喜歡學習新事物，卻容易博而不精，所以適宜學習專門技術。本命帶修行、天命，不易遇到文昌、文曲，若遇到，則是天生修行者。

坐落宮位或加會其他星曜代表涵義

1、天機坐落命、身或福德宮，婚後會將注意力轉移至家庭；女性身材瘦，婚後稍嫌豐腴，與神佛、菩薩有緣分，為苦口婆心的修行局，適合修行、修道及學佛。

2、天機坐落父母宮，父母工作多半會熬夜，會苦口婆心勸導。

3、天機坐落田宅宮，喜歡買大的房子，四十五歲以後才會定下來。

4、天機坐落官祿宮，單坐此星，容易多愁善感，想多做少，創業辛苦，適合特助、秘書、幕僚或R&D研發工作。

5、天機坐落僕役宮，所結交朋友很有主見，容易胡思亂想，重安全感。

6、天機坐落遷移宮，創意多，意見多，不宜固守同一地方。

7、天機坐落疾厄宮，易患有偏頭痛、腦神經衰弱；要注意三酸甘油酯、肝指數及膽固醇過高，宜避免菸酒及多運動。

8、天機坐落財帛宮，可以投資，但不可以投機。

9、天機坐落子女宮，子女想法很多，善良、聰明，喜歡動腦筋。

10、天機坐落夫妻宮，另一半善解人意、善良，但有些事會隱瞞。

11、天機坐落兄弟宮，兄弟個性固執，古靈精怪。

12、天機與紫微一樣，耳根軟、意志不堅定。

13、天機與天同都會為愛、為家犧牲，只是天機是為愛犧牲，為愛奉獻；天同是邊犧牲，邊享受。

14、天機與七殺都愛變動；七殺是第一名，天機是第二名。

15、天機化忌，猜忌心重，易有中變無，無中生有。

三、太陽星

特性及屬性

太陽在陰陽五行中屬火，屬中天星曜。太陽代表父親（男生），代表為人慷慨，善交際應酬。主觀意識強，心高氣傲，不願受他人指揮，有強烈支配人及指揮人的慾望。愛出風頭，好大喜功，坦率直言，不服輸的個性，領導統馭強。太陽也象徵光明，博愛與慈祥，慷慨大方、好濟樂施、廣結善緣，喜歡服務大眾，但容易招搖，精神壓力大。有領導潛能及開創的精神，不愛受約束，好勝心強，自我意識高。太陽星主官祿事業，功名多於財富。

坐落宮位或加會其他星曜代表涵義

1、太陽坐落命、身或福德宮，有修行格局，喜歡助人的事業。

2、太陽坐落父母宮，軍人型的父母，管理組織強。

3、太陽坐落田宅宮，先有名氣，才容易有房子，喜歡大而明亮的房子。

4、太陽坐落官祿宮，會先有名，才有利，知名度、地位要受肯定，工作喜歡在自我領域發揮，適合當部門主管。

5、太陽坐落僕役宮，重承諾及感覺，所結交朋友眼高手低，屬公侯星，做事不切實際，不重視根本問題，對朋友容忍度全憑喜好感覺。

6、太陽坐落遷移宮，愛面子，喜歡幫助人，愛熱鬧，給人陽光、活潑的一面，但脾氣會瞬間轉變、暴躁。

7、太陽坐落疾厄宮，脾氣有大地起風一陣吹之勢，快來快去，心臟、眼睛、心肺功能較不好，不能常生氣。

8、太陽坐落財帛宮，一生主富貴，但須先成名才進益（利益），為修行之人。

9、太陽坐落子女宮，第一胎易生男，且多生男。

10、太陽坐落夫妻宮，另一半不拘小節；太陽獨坐，另一半有個性，行事一板一眼，有妻（夫）管嚴之舉。

11、太陽坐落兄弟宮，修行格，多鐵齒、好強，個性開朗。

12、太陽位在午宮之前都是入廟旺，在卯、辰宮力量是加倍的，在午時以前又高又亮，為好大喜功之星，不服輸的個性，領導統馭的慾望強。

四、武曲星

特性及屬性

武曲在陰陽五行中屬金，為北斗第六星，是財星。星性具有權威，在十二宮都有威勢，處世當機立斷，利於事業衝刺。武曲、七殺及擎羊並稱三財星，武曲天生具有財性，對數字有概念，賺錢會做正常規劃，錢會花在刀口上，所以與錢財特別有緣，一生都在努力工作賺錢。武曲可得福，可為災，關鍵在於個性的表現，性情剛烈，容易發怒，往往為達目的不擇手段。表現在財經的專長，做事果斷，講信義，率直坦白，有責任心，在事業上多有表現，為行政上的經理人才，一生權財兩全，是為得福。表現在殺氣，武勇孤傲，脾氣硬，固執不易妥協，喜怒形於色，個性略顯孤僻，直來直往，心性急躁，易得罪人。

坐落宮位或加會其他星曜代表涵義

1、武曲坐落命、身或福德宮，賺錢有規劃性，天生精算家，數字概念強。錢花在刀口；男坐命宮，為愛家、顧家之人，女坐命宮，為賢內助。

2、武曲坐落父母宮，父母管教嚴格，從事行業為領導統馭者。

3、武曲坐落田宅宮，會購買投資報酬率高的房子。

4、武曲坐落官祿宮，想自行創業，有生意頭腦。

5、武曲坐落僕役宮，認識的朋友較有個性，從商居多。

6、武曲坐落遷移宮，外出給人印象具有領導力及說服力，社交能力強。

7、武曲坐落疾厄宮，金屬肺，心肺功能差，所以氣管、鼻子都不好，要避免抽菸、空氣品質差及過敏源的空間。

8、武曲坐落財帛宮，典型的生意人，數字邏輯概念強。

9、武曲坐落子女宮，長大後喜從商，對數字有概念。

10、武曲坐落夫妻宮，另一半觀念強，可能是生意人或中高階主管，不喜歡受約束。

11、武曲坐落兄弟宮，兄弟具有陽剛之氣，孝順有餘，但彼此間不能有太多利益衝突。

12、武曲遇破軍，情緒、EQ不好，行事風格過度我行我素。

13、武曲要不斷運動，能促進新陳代謝。

14、武曲坐命宮、田宅宮都主財，代表會有財富。

15、武曲加會祿存、天馬，社交能力強。

16、武曲無左輔、右弼，容易財來財去，賺錢辛苦。

17、武曲加會天魁、天鉞，容易有貴人相助，賺錢機會多。

18、武曲加會廉貞、貪狼及七殺，適宜經商。

五、天同星

特性及屬性

天同在陰陽五行中屬水，為南斗第四星，是福星，有解厄制煞的能力。有機智，好文學，性情溫和謙遜，善於協調人際關係，喜歡悠閒自在，主享受，凡事不與人計較，隨和有人緣。注重精神生活，品味高，聰明好學卻不專心，「懶」字訣。做事得過且過，逃避現實，喜歡事半功倍，做事不愛親身力為，只驗收成果，缺乏雄心壯志，個性不喜歡變動，優柔寡斷。注重生活情趣，喜玩樂，不愛運動，壓力大容易反彈。處事不積極，理想多而不切實際，須受挫折才會努力。

坐落宮位或加會其他星曜代表涵義

1、天同坐落命、身或福德宮，女生會為家庭犧牲，為另一半背負債務，有先天福報，但行事不積極，要多行善。

2、天同坐落父母宮，福分俱足，是好好父母，但管教較鬆散。

3、天同坐落田宅宮，重視房子裝潢享受，喜歡玩樂。

4、天同坐落官祿宮，錢多事少離家近是其目標，不喜歡壓力大、辛苦的工作。

5、天同坐落僕役宮，朋友持四海之內皆兄弟之感，但小心酒色財氣，傷己傷財。

6、天同坐落遷移宮，易流於懶散，要多運動，無壞心眼。

7、天同坐落疾厄宮，循環代謝不好，需注意個人泌尿系統衛生。

8、天同坐落財帛宮，「一本萬利」是財庫中心思想。

9、天同坐落子女宮，教育要有變化，能因材施教。

10、天同坐落夫妻宮，另一半易流連聲色場所。

11、天同坐落兄弟宮，兄弟間常享樂交誼，但無太多交集及起伏。

12、天同加會左輔、右弼，有人緣。

13、天同加會天魁、天鉞，有桃花，容易得貴人相助。

14、天同化祿，懶散好享受，但有福氣。

六、廉貞星

特性及屬性

廉貞在陰陽五行中屬火，為北斗第五星，是多變的星，雖為吉星，但內藏凶星。因此好壞不定，作保容易有問題，心性要穩定，才不會被此星操控。廉貞不拘小節，具上進心，事業心強，能言善道，有機智謀略，喜歡從政或從商，反應特別快，多才多藝，要求盡善盡美，而且嚴苛。做事盡責，給人灑脫不計較的印象。但個性急躁，一生是非多，容易犯小人，易有官司糾紛，重感情欠理性，性急好勝心強，易得罪他人，內心世界不太願讓人瞭解，個性捉摸不定，亦是囚星帶有強烈官司問題，一生要小心行事。廉貞是次桃花星，異性緣很好，男生異性緣雖佳，但小心被桃花設計。女生人緣好，但小心容易遇人不淑。在藝術創作上，喜歡畫畫，對穿著講究，是受人注目之星。

坐落宮位或加會其他星曜代表涵義

1、廉貞坐落命、身、福德宮，容易引起他人注意，女生愛穿性感衣服，婚後穿的衣服喜帶挑逗性，為易受人注目之星；男生重品味，注重打扮。

2、廉貞坐落父母宮，父母熱情、樂觀，但較無原則。

3、廉貞坐落田宅宮，注重田宅的美感，但一生另有官司及作保問題。

4、廉貞坐落官祿宮為得位，可掌權，且工作、事業是興趣所在，但耐力不足。

5、廉貞坐落僕役宮，交友喜好聲色或娛樂場所，且朋友素質不齊，易有酒肉朋友，助力不大。

6、廉貞坐落遷移宮，在外異性緣佳，但容易有爛桃花。

7、廉貞坐落疾厄宮，注意聲色場所的疾病，內分泌旺盛或失調、婦女病、腫瘤、細胞病變。

8、廉貞坐落財帛宮，一生橫發橫破，且為財惹官司，小心信用財務問題。

9、廉貞坐落子女宮，子女的思維多半早熟，易招惹桃花。

10、廉貞坐落夫妻宮，另一半易惹官司及糾紛。

11、廉貞坐落兄弟宮，兄弟相處容易失和，喜流連聲色場所。

12、廉貞加會貪狼，桃花旺。

13、廉貞與破軍一樣，情緒起伏大，控制不穩定。

14、廉貞化忌，容易犯小人，會將有變無，做出錯誤的判斷。

15、廉貞加會左輔、右弼，代表能力佳，可掌權，有貴人相助。

16、廉貞加會文昌、文曲，個性有魅力。

17、廉貞加會天魁、天鉞，感情豐富。

18、廉貞加會科、權、祿，工作順利，名利雙收。

19、廉貞化祿，能力強，容易獲得支持，有異性緣。

七、天府星

特性及屬性

天府在陰陽五行中屬土，為南斗第一星，也是南斗諸星之首，為檯面下之帝王星，亦是財帛的庫府，是財庫星也是領導星。星性敦厚安定，溫和善良，有規則有操守，不輕易改變生活方式，為人保守，膽識不足，需安全感，易做濫好人，外柔內剛。工作按部就班，利於守成，不利開創，喜歡在平穩中成長。因是南斗主星，有領導力，較熱心及直腸子，好管閒事，喜歡照顧弱小，給人可靠的感覺。天府多重視名利，善理財。喜歡駕馭別人，有很強的權力慾望，盡忠職守，任勞任怨，是優秀的輔佐人才，但作風保守，性情優柔寡斷，盤算多，容易流於現實。

坐落宮位或加會其他星曜代表涵義

1、天府坐落命、身、福德宮，吃喝不愁；天府女命得之，有幫夫運，負責盡職。

2、天府坐落父母宮，父母在經濟及生活上照顧有加。

3、天府坐落田宅宮，一生不動產贈予或受庇蔭機會高。

4、天府坐落官祿宮，會經營錢財部分，善計算，不適合一起經營事業。

5、天府坐落僕役宮，所結交朋友為富有之人。

6、天府坐落遷移宮，有口福、消費能力驚人。

7、天府坐落疾厄宮，主腸胃，易脹氣，吃飯不宜太快，但喜歡享受美食；應注意胃下垂、賁門及腳水腫等疾病。

8、天府坐落財帛宮，財庫星，多贈予之財，對財務管理要有安全感。

9、天府坐落子女宮，對孩子照顧有加，但宜避免嘮叨。

10、天府坐落夫妻宮，另一半是賢內助，善良但嘮叨，好管閒事。

11、天府坐落兄弟宮，兄弟多半不缺錢財，但用錢重感覺。

12、天府加會科、權、祿，工作順利，運勢佳。

13、天府加會火星、鈴星、擎羊、陀羅、地空、地劫、化忌，不重錢財。

八、太陰星

特性及屬性

太陰在陰陽五行中屬水，在天上為月亮星，是中天吉星，與太陽星分主陰、陽與晝、夜。太陰星是母親（女生）的代表，個性平和沉靜、堅強聰慧，愛幻想，喜歡詩情畫意，為人善解人意，配合度高，在團體中是受歡迎的人物。感情豐富也使太陰星看不開，要求完美，果斷力強，吹毛求疵，遭逢人生逆境時，溫柔堅韌的特點使太陰容忍，不積極，感情方面不善拒絕，在經歷磨練後，會培養堅強的個性，所以擁有外柔內剛，柔、美、固執、倔強等自主觀念強的女性特質。太陰為田宅宮主星，懂得錢財運用，重成果，愛投資效益，是投資領導星，所以一生物質豐厚。

坐落宮位或加會其他星曜代表涵義

1、太陰坐落命、身、福德宮，為內斂之人，長相俊美，帶桃花，是標準女性，有女性美，男命則魄力不夠。

2、太陰坐落父母宮，外柔內剛，主觀意識強；如遇凶星，要注意母親身體。

3、太陰坐落田宅宮，主田產多。

4、太陰坐落官祿宮，天生投資理財家，適合理財規劃的工作。

5、太陰坐落僕役宮，喜歡結交富有之人為朋友。

6、太陰坐落遷移宮，願意花錢投資，只許成功，不許失敗。

7、太陰坐落疾厄宮，注意視力問題，易有內分泌失調，也要注意腰、腎問題。

8、太陰坐落財帛宮，適合當幕後老闆，注重投資效益。

9、太陰坐落子女宮，子女個性外柔內剛，脾氣拗。

10、太陰坐落夫妻宮，另一半愛投資，且長相貌美、秀氣；男生娶太陰另一半，會被管死，有幫夫運，但不易說真話。

11、太陰坐落兄弟宮，兄弟長相陰柔，外柔內剛、固執。

12、太陰重享受，會自己找快樂。

13、太陰代表母親，又作妻星，重感情。

14、太陰加會天魁，天鉞，適宜公家機關工作，會得貴人相助。

九、貪狼星

特性及屬性

貪狼在陰陽五行中屬水，為北斗第一星，主禍福，象徵「桃花」，很有異性緣，如遇同性質者，容易發生一夜情，是第一大桃花星，亦是多才多藝之星。貪狼星重感情，與人相處融洽，八面玲瓏，直率自信，具有多重人格。聰明、細心、愛好自由。善於表現自我，勇於面對挑戰，做事快、狠、準。貪狼學習能力強，是一顆足智多謀的星曜，善交際，喜聲色場所，是應酬能手。處世圓滑，做事有廣闊性，多才多藝，能言善道，勇於表現自我，熱情活潑，注重享樂。對美的感受力強，重視外表及物質生活，常能舉一反三，對紫微及五術命理有興趣。

坐落宮位或加會其他星曜代表涵義

1、貪狼坐落命、身、福德宮，博學通才，好學習，但不按牌理出牌。

2、貪狼坐落父母宮，父母喜於玩樂，不受約束。

3、貪狼坐落田宅宮，易把祖先、父母的家產花光，後運不好，應注意會先有後無。

4、貪狼坐落官祿宮，不喜歡繼承父母的事業，在職場的表現，屬活躍之人。

5、貪狼坐落僕役宮，留意朋友、同事、部屬的不忠實所連累或被出賣，為奴欺主要小心。

6、貪狼坐落遷移宮，喜好玩樂，異性緣佳，為活動領導人物。

7、貪狼坐落疾厄宮，腎臟、泌尿系統不好，小心會有桃花病；易患有花柳病，如：梅毒、淋病、尿道炎、肝病或腎臟病。

8、貪狼坐落財帛宮，賺異性財較為容易，也會為喜歡的異性付出錢財。

9、貪狼坐落子女宮，子女喜玩樂，對紫微斗數及五術命理有興趣。

10、貪狼坐落夫妻宮，易有感情桃花的困擾，夫妻不美滿。

11、貪狼坐落兄弟宮，兄弟喜出入聲色場所。

12、貪狼代表桃花，主禍福。

13、貪狼遇吉主富貴，遇凶主虛浮。

14、貪狼性情剛烈，容易隨波逐流。

15、貪狼加會左輔、右弼，管理能力強，擅長人際關係。

16、貪狼加會火星、鈴星、擎羊、陀羅、地空、地劫、化忌，感情問題多，生活沒目標。

十、巨門星

特性及屬性

巨門在陰陽五行中屬水，為北斗第二星，皮膚白，福態，無膽，容易產生背離感，意志力薄弱，性多疑猜忌，怕暗，需安全感，意志易動搖，鑽牛角尖。巨門心直口快，愛講話，伶牙俐嘴，表達能力強，有辯才，喜歡運用自己的口才說服他人。巨門雖能言善道，但易招惹是非，喜歡揭人隱私，與人明爭暗鬥，不太合群，口舌是非多，容易犯小人。巨門又主辛勞，多學少精，做事常反覆，容易偏激情緒化，奔波勞碌，必須辛勤奮鬥後才能有所收穫。

坐落宮位或加會其他星曜代表涵義

1、巨門坐落命、身、福德宮，主口舌是非多，能言善道，易招小人。

2、巨門坐落父母宮，幼年時父母易生離死別，或因家境不好遭父母遺棄、或送人領養。

3、巨門坐落田宅宮，父母或祖先留下的財產不易守住，易變賣祖產換新屋，賣大買小。

4、巨門坐落官祿宮，工作職場口才能力佳，適合以口為業的工作。

5、巨門坐落僕役宮，朋友多為愛說話、搬弄事非、口才流利之人，但易受人陷害。

6、巨門坐落遷移宮，易招惹口舌是非，犯小人，要注意說話藝術。

7、巨門坐落疾厄宮，易長癬，支氣管及婦科較弱。

8、巨門坐落財帛宮，則不管做什麼事業都會碰到對手，會有人與你削價競爭。

9、巨門坐落子女宮，第一胎易保不住，容易流產、墮胎、難產。

10、巨門坐落夫妻宮，主有分隔，各聚一方，聚少離多。否則夫妻易離婚、分手，各奔東西。最嚴重者夫妻生離死別，不能白頭偕老。

11、巨門坐落兄弟宮，兄弟能言善道，但也易招惹口舌是非。

12、巨門與人交往一開始熱絡，但常不歡而散。

13、巨門做事負責，但易受口舌是非。
14、巨門落陷，說謊機率高，無膽識。
15、巨門化忌，叛逆心強，有莫名之災，事業會有變動。
16、巨門加會左輔、右弼，衣食無缺，有貴人相助。

十一、天相星

特性及屬性

天相在陰陽五行中屬水，為南斗第五星，主官祿，為貴人之星。天相外型瘦、骨感，皮膚易過敏，濕氣重，面善心直，不好妥協，為人穩重誠懇，循規蹈矩，有正義感，熱心，喜調解紛爭，但脾氣硬，為人鐵齒，溝通模式呈直線。在三方四正裏，處世公正，做事有正義感，屬「幫」字訣，樂心助人。因此，守信重諾是天相的特質，因為誠實，收入皆靠勤勞獲得，生活儉樸。天相星因堅守原則，性格不易妥協。但衝勁不足，不夠圓融是它的缺點。

坐落宮位或加會其他星曜代表涵義

1、天相坐落命、身、福德宮，無偏財運，屬正財，可靠貴人入財，是天生軍師或宰相命格，易得菩薩相助。

2、天相坐落父母宮，會受父母的幫助及照顧。

3、天相坐落田宅宮，居家雅致清幽，喜居高級住宅及文教區。

4、天相坐落官祿宮，掌印，給予權限，可做得好，屬高階主管，但不適合做老闆。

5、天相坐落僕役宮，朋友多為貴人，可獲得幫助。

6、天相坐落遷移宮，喜出風頭，愛管閒事，樂於助人，外出順利得人助。

7、天相坐落疾厄宮，注意癬、支氣管及膀胱。

8、天相坐落財帛宮，錢財不缺，有正財、無偏財，不會一夕致富，但不易被裁員。

9、天相坐落子女宮，子女皮膚、體質容易過敏。

10、天相坐落夫妻宮，另一半不好妥協，態度強硬、固執，外表好好先生（太太），但管得很嚴格。

11、天相坐落兄弟宮，兄弟好管閒事。

12、天相加會左輔、右弼，衣食無缺，生活安樂。

13、天相加會文昌、文曲，有文采，說話彬彬有禮。

14、天相加會天魁、天鉞，有貴人相助。

15、天相加會火星、鈴星、擎羊、陀羅、地空、地劫、化忌，變動大，多煩憂。

十二、天梁星

特性及屬性

天梁在陰陽五行中屬土，為南斗星，主福壽，是壽星、善星，亦是消災延壽、化吉星，正直之星，因為人正直，協調性較差，雖遭災難不免多憂慮，但有逢凶化吉的功能。為人心軟、清高、慷慨、講義氣，喜照顧別人。無論環境如何，都能自由自在的於悠閒的環境中我行我素。心善，霸道固執，自負有威嚴，秉公辦事，原則性強，吃軟不吃硬，不喜歡拐彎抹角，做事直接了當。不迷信、固執。但個性雞婆、會路見不平，因而得到福蔭，受貴人相助而獲得成就，受人敬重。天梁本身帶天命、使命；有長輩緣，對部屬及晚輩關愛，有文學細胞，愛面子，有傲氣。

坐落宮位或加會其他星曜代表涵義

1、天梁坐落命、身、福德宮，一生逢凶化吉，能化解災禍，喜領導統御，擇善固執，適合修行。

2、天梁坐落父母宮，父母個性心直口快、心地善良，喜歡助人。

3、天梁坐落田宅宮，住的地方易為修行地。

4、天梁坐落官祿宮，容易心軟。

5、天梁坐落僕役宮，自主性強，會路見不平。

6、天梁坐落遷移宮，喜靜不喜動，行事風格直來直往，易得罪人。

7、天梁坐落疾厄宮，心臟血管疾病、胸悶、心悸、氣管不好、腦壓過高。

8、天梁坐落財帛宮，清高之財庫，非常注重進財的模式，喜助人之財。

9、天梁坐落子女宮，少子女命，易受子女牽制。

10、天梁坐落夫妻宮，夫管嚴或妻管嚴。

11、天梁坐落兄弟宮，協調性差。

12、天梁愛照顧人，為孤獨星，六親緣薄。

13、天梁加會左輔、右弼，生活經歷豐富，事業有成，樂於助人。

14、天梁加會天魁、天鉞，有貴人相助，適宜做公務人員或從事文化事業。

十三、七殺星

特性及屬性

七殺在陰陽五行中屬金，為南斗第六星，輔佐紫微與天府，是紫微斗數中的大將軍。七殺對於金錢的慾望高，勇於接受挑戰，喜歡變動及獨斷獨行，是變化星。行動力強，耿直急躁，意見多，容易得罪人，是個理智獨立、冒險犯難、言出必行、敢愛敢恨的人。做事風格明快坦率，對事情拿得起放得下。個性耿直，具有正義感，看不慣因循苟且，具威嚴，但喜怒無常，不聽勸阻，除非受到教訓才會改變。

坐落宮位或加會其他星曜代表涵義

1、七殺坐落在命、身、福德宮，心情容易反覆不定，而且勞碌命，做事容易衝動。七殺為刺侯坐命，有變來變去之財。

2、七殺坐落父母宮，與父母相處不好，宜保持距離。

3、七殺坐落田宅宮，不容易置產，會有變動；住的地方喜歡有變化。

4、七殺坐落官祿宮，工作常變動；適合從事業務工作。

5、七殺坐落僕役宮，朋友個性衝動，變動起伏大。

6、七殺坐落遷移宮，喜歡新奇事物，不喜歡一成不變。

7、七殺坐落疾厄宮，體質易過敏，筋骨不好，容易跌倒瘀青，要多運動；另須留意心肺及氣管功能。

8、七殺坐落財帛宮，為變動財星，錢財不穩、變動性大，多寡不定，敢投資、敢冒險。

9、七殺坐落子女宮，子女脾氣急躁，不受管束，難以管教。

10、七殺坐落夫妻宮，另一半管教嚴且個性急；而對象不能太悶，要有強烈的戰鬥力。

11、七殺坐落兄弟宮，兄弟脾氣不好，容易鬥嘴，宜保持距離。

12、七殺加會左輔、右弼，有實權之主管。

13、七殺加會天魁、天鉞，對事業發展有幫助。

14、七殺加會火星、鈴星、擎羊、陀羅、地空、地劫、化忌，容易發生意外之災。

15、流年、月、日在七殺，各方面會想變動，變動會以生命價值為考量。

十四、破軍星

特性及屬性

破軍在陰陽五行中屬水，為北斗第七星，主導EQ、感覺，行事取決一念之間，主觀意識強烈，我行我素。個性來去急速，常因衝過頭，製造許多問題。有美感，完美主義者。私心重，行事武斷，喜歡冒險，勇往直前，不易守成。在事業未安定時，先擾亂局面，再按新的方式解決，開創新局，有「先破後立」的特性，宜做開路先鋒。易爭鬥，對事情產生破耗。變化性也為破軍星重要的特質，這種變化性足以影響一生，因此是極不穩定的，ＥＱ差，只有紫微可制破軍，破軍六親緣分淡，重義氣，容易離鄉背井。

坐落宮位或加會其他星曜代表涵義

1、破軍坐落命、身、福德宮，心情反覆不穩定、做事憑感覺，直覺力強，情緒不穩定，會隱藏內心世界，容易瞬間改變決定，要控制好ＥＱ。女性雖長相嬌媚，但易冒險而遭遇危險及水厄；同時需注意婦科問題，有可能帶殘疾過一生。

2、破軍坐落父母宮，父母很重感覺，管教嚴格，抓對父母感覺則易受父母溺愛。

3、破軍坐落田宅宮，田宅守不住，買賣頻繁，房屋格局喜歡憑空想像。

4、破軍坐落官祿宮，能力好，但不好駕馭，會挑選老闆。個性毛躁、不安定，經常換工作，適合業務及行銷的工作。

5、破軍坐落僕役宮，交朋友重感覺，標準會改變。不喜歡麻煩，交朋友速度快，但易流失。

6、破軍坐落遷移宮，EQ判斷低。

7、破軍坐落疾厄宮，注意腎臟、子宮、腫瘤及糖尿病。

8、破軍坐落財帛宮，花錢無邏輯，完全憑感覺。

9、破軍坐落子女宮，注重夫妻生活情趣，子女脾氣不好，管教不易，要注意人格發展，以生女孩居多。

10、破軍坐落夫妻宮，另一半重感覺，不好搞定，喜歡另一半千變萬化，愛浪漫，不喜歡古板。

11、破軍坐落兄弟宮，兄弟緣薄，感情若即若離。

12、破軍加會武曲，行事正直，但反覆無常，心情容易受影響。

13、大小限遇破軍星，主事業變動。

十五、文昌星

特性及屬性

文昌為六吉星之一，在陰陽五行中屬金，為南斗星曜，文星，主科甲、禮樂，屬靜態之文學或文職等。思維細膩，聰明，臨場反應快，讀書舉一反三，考運佳，喜歡傳記典故，記憶力強，因此也易記恨。一般而言，文昌男多為斯文帥哥，女多為氣質美女。因文昌舉止優雅，風度翩翩，口才佳，能言善道，文思泉湧，利於寫作，具有很深的文學造詣。但文昌的文藝才華，須經過辛勤努力，因此頗得異性青睞，所以此星也有一些桃花性質。文昌星另有「化解」之功，能化解困擾，增強輔助力量。

坐落宮位或加會其他星曜代表涵義

1、文昌坐落命、身、福德宮，天生氣質穩重，不隨便。

2、文昌坐落父母宮，多半氣質佳，藝術品味高，有才華且對子女管教嚴格。

3、文昌坐落田宅宮，喜歡有品味、藝術型的房子，喜住文教區。

4、文昌坐落官祿宮，通常會有一技之長，喜好文學。

5、文昌坐落僕役宮，交友重視外表及聰明才智。

6、文昌坐落遷移宮，喜歡思考、有責任感，學習能力強。

7、文昌坐落疾厄宮，新陳代謝不好，心臟、肺功能差。

8、文昌坐落財帛宮，賺智慧財，而非勞力財。

9、文昌坐落子女宮，未來子女具備文昌特質。

10、文昌坐落夫妻宮，另一半多貌美或英俊，以氣質取勝，但個性拗、固執。

11、文昌坐落兄弟宮，兄弟氣質佳，有文學素養。

12、文昌、文曲，一般考試、升學考試很好。

13、文昌、文曲、天鉞、天魁、化科屬考試星。

14、流年遇文昌、文曲，有進修、求知的慾望。

15、簽約可找流月、流日、流時有文昌或文曲（二者都有更優）。

16、文昌加會太陽、天梁、天同、祿存，主富貴。

17、文昌加會文曲，主感情豐富，多才多藝。

18、大小限遇文昌，宜學習新事物。

十六、文曲星

特性及屬性

文曲同屬六吉星，屬水，是禮樂之星，金生水，所以先有知識（文昌），才有技術（文曲），文曲指藝術及技術類。文曲做人較會拐彎抹角，身型較胖。文曲星與文昌星一樣，男多為斯文帥哥，女多為氣質美女。文曲星生性儒雅風流，聰明有智慧，凡事能觸類旁通，具有文學修養，與文昌星都是學習星，但文昌偏於正統學習，而文曲偏於才藝與精神思想方面。能言善辯，口才極佳也是文昌、文曲的共同特性，因此易得異性青睞。但文曲往往文過飾非，流於口舌之辯。

坐落宮位或加會其他星曜代表涵義

1、文曲坐落命、身、福德宮，做人較圓滑，喜歡多變化，愛思考，專精藝術、美學、工藝類，有特殊專才。

2、文曲坐落父母宮，有藝術家個性，有特殊技能。

3、文曲坐落田宅宮，喜歡藝術且有時尚感設計的房子。

4、文曲坐落官祿宮，愛說話，工作太穩定會毛躁。

5、文曲坐落僕役宮，有藝術修養，喜交博學多才之友，會挑朋友。

6、文曲坐落遷移宮，喜歡創作美麗的事物，眼光高、鑑賞能力強。

7、文曲坐落疾厄宮，婦科、卵巢、子宮、腰、腎等部位轉弱，要多注意。

8、文曲坐落財帛宮，以一技之長換取財富。

9、文曲坐落子女宮，子女感情豐富，多才多藝，聰明。

10、文曲坐落夫妻宮，另一半屬帥哥美女型，才藝兼備。

11、文曲坐落兄弟宮，兄弟有一門技能在身。

12、文曲，考試星，一般及升學考試都很好。

13、文曲代表柔和、口才。文昌為人文雅，文筆佳。

14、文曲加會左輔、右弼，具有管理能力。

15、文曲加會文昌，感情豐富。

16、文曲加會天魁、天鉞，機運多。

17、文曲加會科、權、祿，得文才，是企業的優秀管理人才。

18、大小限遇文曲星，適宜學習新事物。

十七、左輔星

特性及屬性

左輔在陰陽五行中屬土，具有輔佐的性質，對主星有幫助的力量。忠誠度高，屬幕僚建議型。個性忠厚，為人隨和，剛強穩重，慷慨好施；聰明有謀略，忠厚耿直，有包容力，人緣好，是六吉星中最有力量的一顆星。左輔星熱情善良，重情惜情，極易讓人產生信任感。樂於助人解決困難的同時，使左輔星過於操勞，容易身心俱疲，但幫助了別人也會得到別人的幫助。

坐落宮位或加會其他星曜代表涵義

1、左輔獨坐命宮無主星，宜重拜養父母；屬幕僚型，決策力弱。

2、左輔坐落命、身及福德宮，適合輔助個案，若要創業，以加盟為佳。

3、左輔坐落父母宮，父母忠厚、隨和，建議中肯，可輔助自己。

4、左輔坐落田宅宮，喜歡機能佳、實用性的房子。

5、左輔坐落官祿宮，屬幕僚型，像特助、秘書……等職務。

6、左輔坐落僕役宮，喜歡結交可幫助自己、聰明有見解的朋友。

7、左輔坐落遷移宮，喜歡幫助別人，是重情惜情之人。

8、左輔坐落疾厄宮，主腸胃。

9、左輔坐落財帛宮，有貴人相助，逢凶化吉。

10、左輔坐落子女宮，子女人緣好、善良，屬於智多星。

11、左輔坐落夫妻宮，夫妻關係容易同床異夢，最好聚少離多否則爭執不休，規避方式可於結婚當日拜兩次祖先，過兩次香爐。

12、左輔坐落兄弟宮，兄弟彼此輔助，互相幫忙。

13、左輔加會右弼，具備管理能力。

14、左輔加會科、權、祿，有財運。

15、左輔加會火星或鈴星，主變動。

16、左輔加會擎羊、陀羅，感情多波折，但能解決問題。

十八、右弼星

特性及屬性

右弼在陰陽五行中屬水，是六吉星之一。忠誠度高，具有輔佐性質，與左輔同為極佳的輔佐人才，具有很強的幫助力量，亦屬幕僚建議型。右弼星，聰明能幹，有上進心，重感情。主精通文墨，個性耿直，好施濟，做事謹慎有謀略。性格樂觀豁達，熱情待人，態度溫和，與左輔星一樣易讓人產生信任感；但右弼星帶有桃花性質，對感情產生影響，容易破壞夫妻之間的和諧，這是與左輔星不同的地方。

坐落宮位或加會其他星曜代表涵義

1、右弼坐落命、身、福德宮，屬幕僚輔佐之人，忠誠度高，外柔內剛。

2、右弼坐落父母宮，父母忠厚、聰明能輔助自己。

3、右弼坐落田宅宮，喜歡機能性佳的房子。

4、右弼坐落官祿宮，為幕僚、特助、秘書等職務。

5、右弼坐落僕役宮，朋友之間互相幫忙。

6、右弼坐落遷移宮，樂觀、熱情，異性緣佳。

7、右弼坐落疾厄宮，主腎水。

8、右弼坐落財帛宮，有貴人相助，逢凶化吉。

9、右弼坐落子女宮，子女生性樂觀，而且聰明。

10、右弼坐落夫妻宮，夫妻宜聚少離多，否則易犯口角。

11、右弼坐落兄弟宮，兄弟之間喜歡互相幫助。

12、左輔、右弼同宮，善出主意，而非做決策者。

13、右弼加會文昌，文曲，感情豐富，多才多藝。

14、右弼化科，善思考。

15、右弼加會火星或鈴星，表變動。

16、右弼加會火星、鈴星、擎羊、陀羅、地空、地劫、化忌，感情多困擾，但能勇於面對問題。

十九、天魁星

特性及屬性

天魁屬六吉星之一，在陰陽五行中屬火，為貴人星，長輩貴人幫助明顯，有實質助力。天魁星心地善良，分析能力強，說話有分量，固執鐵齒，心直口快，易得罪人，喜管閒事，棘手時會選擇逃避。天魁帶魁罡，具超感應能力，是天生修行者。外陽剛內陰柔，一生勞碌，身材壯碩，屬將領及任務導向型的星曜，氣度恢宏，正直善良，流露自然威儀，不服輸，給人曲高和寡的感覺。有逢凶化吉、消災解厄作用。文人遇到天魁，文采更出眾。經商者遇到天魁，則有貴人的幫助，生意興隆。

坐落宮位或加會其他星曜代表涵義

1、天魁坐落命、身、福德宮，貴人運旺，一生得貴人提拔，異性緣佳。

2、天魁坐落父母宮，固執鐵齒，對自己有實質助力。

3、天魁坐落田宅宮，喜好寬敞的房子。

4、天魁坐落官祿宮，心直口快易得罪人，但有貴人相助，善分析，可從事幕僚工作。

5、天魁坐落僕役宮，朋友個性固執，獨立自主。

6、天魁坐落遷移宮，說話有分量，固執，有領導特質。

7、天魁坐落疾厄宮，注意筋骨問題，小心碰撞。

8、天魁坐落財帛宮，因有貴人相助，常可逢凶化吉。

9、天魁坐落子女宮，子女自主性較強。

10、天魁坐落夫妻宮，另一半外剛內柔，身材壯碩，固執鐵齒，有幫夫（妻）運。

11、天魁坐落兄弟宮，兄弟身材多屬壯碩，固執，自主性強。

12、文昌、文曲、天鉞、天魁、化科同屬考試星。

13、天魁考運佳，特考、高普考、就業考試、升等考等會金榜題名。

14、天魁忌食牛、羊、狗等靈長類動物，考試者更忌食用。

15、天魁加會左輔、右弼，有管理能力。

16、天魁加會文昌，文曲，感情豐富，有文采。

17、天魁加會科、權、祿，得財利，企業管理人才。

18、天魁加會火星、鈴星、擎羊、陀羅、地空、地劫、化忌，錢財不聚，感情多困擾。

19、大小限遇天魁星，機運佳。

二十、天鉞星

特性及屬性

天鉞屬六吉星之一，在陰陽五行中屬火。天鉞權力慾望強，行事果決，剛毅堅強有傲氣，做事非常強勢，要求嚴格，有時給人刻薄印象。鐵齒固執，自主性強，不管士、農、工、商，與天魁星一樣都具有很強的幫助力量，任何星曜都喜歡得到它們的幫助。有逢凶化吉、消災解厄作用。但天鉞星與天魁星不同之處，在於天魁星外陽剛內陰柔，身材壯碩；天鉞星外陰柔內陽剛，男性天鉞坐命會有點女性化，女命則氣質高雅，長相嬌媚，易受感動。

坐落宮位或加會其他星曜代表涵義

1、天鉞坐落命、身、福德宮，外柔內剛，外表美麗嬌媚，權力慾望強。

2、天鉞坐落父母宮，外表美麗，外柔內剛。

3、天鉞坐落田宅宮，喜歡裝潢且寬敞的房子。

4、天鉞坐落宮祿宮，做事強勢、嚴格，可從事管理一職。
5、天鉞坐落僕役宮，注重外表但聰明之人，自主性強。
6、天鉞坐落遷移宮，固執，鐵齒，自主性強，與其相處，說話不可太隨便。
7、天鉞坐落疾厄宮，身體要小心注意碰撞受傷。
8、天鉞坐落財帛宮，逢凶化吉。
9、天鉞坐落子女宮，子女美麗而有氣質。
10、天鉞坐落夫妻宮，另一半屬帥哥、美女型。
11、天鉞坐落兄弟宮，兄弟外表美麗、聰穎。
12、天鉞，考試星，一般考試及升學考試都會金榜題名。
13、天鉞一樣忌食牛、羊、狗等靈長類動物，考試者更不能吃。

14、天鉞加會左輔、右弼，有管理能力。

15、天鉞加會文昌、文曲，感情豐富，有文采。

16、天鉞加會火星、鈴星、擎羊、陀羅、地空、地劫、化忌，錢財不聚，感情多困擾。

17、大小限遇天鉞星，機運佳。

二十一、祿存星

特性及屬性

祿存星在陰陽五行中屬土。祿存主祿食，解厄，是貴人星，也是小氣財神星，花錢重感覺，最好別人送他，喜歡別人請客，卻不愛回請他人，個性古板懦弱，容易孤獨無依，孤僻，小氣，愛算利息。有吃福，體型較胖，自戀，過分關心自己，保護自己及與自己有關的財物。祿存又可制化解厄，可扭轉原有的惡勢，有復原的能力。

坐落宮位或加會其他星曜代表涵義

1、祿存坐落命、身、福德宮，非財星，花錢有計畫，小氣、吝嗇之象；愛花錢享受，且花在自己身上；肉肉身材，不會太瘦。

2、祿存坐落父母宮，會受父母庇蔭。

3、祿存坐落田宅宮，有不動產，家人或祖先庇蔭，有祖產。

4、祿存坐落官祿宮，小有財庫，見財眼開，以守財為主，不會冒險行事，喜歡管財務、會計等職。

5、祿存坐落僕役宮，朋友不可太小氣，要有錢且個性穩重之人。

6、祿存坐落遷移宮，外吉、內凶，不好相處，但很孝順。

7、祿存坐落疾厄宮，要注意腸胃，勿暴飲暴食。

8、祿存坐落財帛宮，保守，不喜歡冒風險，不喜歡投資，財以守為主，帶財氣，但在安全考量上比別人嚴格。

9、祿存坐落子女宮，要花子女的錢不容易。

10、祿存坐落夫妻宮、對宮及三方四正，自己會花錢在另一半身上，但另一半的錢捨不得花在你身上。

11、祿存坐落兄弟宮，兄弟姐妹對自己幫助不大，花錢都很省、小氣。

12、祿存加會左輔、右弼，有管理能力。

13、祿存加會文曲，感情豐富。

14、祿存加會天魁、天鉞，有財運。

15、祿存加會擎羊、陀羅，錢財不聚。

16、祿存加會火星、鈴星、擎羊、陀羅、地空、地劫、化忌，感情不順。

17、大小限遇祿存，有錢財上的增加。

二十二、天馬星

特性及屬性

天馬在陰陽五行中屬火，是驛動星，是諸星中很有活力的一顆星曜。個性好動坐不住，活潑，愛玩，耳根輕，喜歡往外面跑。遇吉星就好，遇凶星就不好。天馬星星性活躍，心性主外，善於交際，愛浮動，喜歡不停地運動，具有強大的生命力及善變性，但天馬星易得各種流行疾病。

坐落宮位或加會其他星曜代表涵義

1、天馬坐落命宮，主奔波操勞，但在異鄉會有所成就。

2、天馬加會巨門，得理不饒人，愛八卦，喜歡掌聲，不會很主觀。

3、天馬加會武曲、天相，勞碌命。

4、天馬加會天府，勞碌、閒不住。

5、天馬加會白虎，外出運不佳，容易受傷、摔傷、車禍。

6、天馬加會病符、陰煞，所到之處常是陰氣較重之處。

7、天馬加會祿存，有財富。

8、天馬加會文曲，感情豐沛，異性緣佳。

9、天馬加會火星、鈴星、擎羊、陀羅、地空、地劫、化忌，多不利遠行。

10、大小限遇天馬星，外出變動機會多。

二十三、化權星

特性及屬性

化權為四化星之一，在陰陽五行中屬陽木，主創業，權位，領導力，受人尊敬，任重道遠的精神。

「化」為形容詞、動詞，有「增加」之意，原本主星加入四化星，有加分效果。代表為人能幹，好勝心強，及權勢的增加。女命太陰化權，為人外表溫柔但個性愛掌權，不服輸；女命太陽化權，則表示打扮中性，個性陽剛。天同化權則為人海派，不喜拖泥帶水，不愛複雜。雖想掌權，但懶得管，要有人替代才行。

坐落宮位或加會其他星曜代表涵義

1、化權坐落命、身、福德宮，喜歡權力的感覺，好勝心強，能力不錯。

2、化權坐落父母宮，外表看起來很好商量，實際上很會管東管西。

3、化權坐落田宅宮，對房子有自己的想法，不喜歡別人意見太多。

4、化權坐落官祿宮，在工作上喜歡掌權、主導。

5、化權坐落僕役宮，喜結交自主性強、掌權的朋友。

6、化權坐落遷移宮，不服輸，要求完美，個性毛躁、不安，易患得患失。

7、化權坐落疾厄宮，易患內分泌失調及甲狀腺亢進等疾病。

8、化權坐落財帛宮，喜歡主控，會想掌權。

9、化權坐落子女宮，子女很有自己的想法，個性中性、好強，不易妥協。

10、化權坐落夫妻宮，另一半喜歡掌權，會想主控對方。

11、化權坐落兄弟宮，看起來凡事好談，但有自己的主見，不好商量，凡事愛干涉，喜歡掌控權力。

12、女命化權加會太陽，外表陽剛，行為中性，個性陽光。

13、化權加會天同，想掌權，但不愛複雜，不喜拖泥帶水，為人海派。

14、化權加會左輔、右弼，有得力部屬相挺。

15、化權加會天魁、天鉞，機運佳。

16、化權加會祿、科，可獲得財富。

17、化權加會擎羊、陀羅，個性好強。

18、化權加會火星、鈴星、擎羊、陀羅、地空、地劫、化忌，凶中帶吉。

19、大小限遇化權，有升遷機會。

二十四、化祿星

特性及屬性

化祿為四化星之一，在陰陽五行中屬陰土，主財祿，掌福德、福分、人緣、享受、否極泰來及後天助力。化祿表重感情，在三方四正宮位中，表進財，有財利之意。是會賺錢的星曜，但像「蘭花草」一受影響就容易倒。

坐落宮位或加會其他星曜代表涵義

1、化祿坐落命、身、福德宮，重感情，人緣佳，喜愛享樂，易進財，很會賺錢，助力大。

2、化祿坐落父母宮，父母多半有錢。

3、化祿坐落田宅宮，有房產或房地產投資。

4、化祿坐落官祿宮，工作運強，易在工作上賺到錢。

5、化祿坐落僕役宮，朋友財運佳，人緣不錯。

6、化祿坐落遷移宮，外出運佳，易得人助，外出工作進財多。

7、化祿坐落疾厄宮，易反胃、漲氣，不適合長途旅行。

8、化祿坐落財帛宮，財運佳，有財、有庫。

9、化祿坐落子女宮，子女有財運。

10、化祿坐落夫妻宮，另一半財運佳，很會賺錢。

11、化祿坐落兄弟宮，兄弟財運佳，人緣不錯。

12、化祿加會左輔、右弼，為人幽默大方，人緣佳。

13、化祿加會昌曲，感情豐富，多才藝。

14、化祿加會天魁、天鉞，有財運。

15、化祿加會科、權，有管理能力。

16、化祿加會火星、鈴星、擎羊、陀羅、地空、地劫、化忌，凶中帶吉，為人多才藝。

17、大小限遇化祿，機運好。

二十五、化忌星

特性及屬性

化忌為四化星之一，在陰陽五行中屬陽水，主是非口舌、災難、變動、破壞、憂愁、疾病、意外及奔波，為嫉妒之星。化忌容易犯小人，好疑心，無中生有，變化無常，為破壞之星，在人事及人際關係上宜特別小心，會有減分的效果。

坐落宮位或加會其他星曜代表涵義

1、化忌坐落命、身、福德宮，個性怪，外表與為人不一致，不輕易相信別人，理智、不衝動，但反反覆覆。命中帶小人，易從有變無。

2、化忌坐落父母宮，不用太熱絡，先有後無之象，若即若離的相處方式對雙方都比較好。

3、化忌坐落田宅宮，易變動，從有變無。

4、化忌坐落官祿宮，不易相信人，工作上易做出錯誤的判斷。從有變無，變化無常，做事雖仔細，但職場無好友。

5、化忌坐落僕役宮，朋友猜忌心重，知心朋友不多。

6、化忌坐落遷移宮，個性反覆無常，疑心病重，不易相信別人，有自我摧殘之個性，會出爾反爾。

7、化忌坐落疾厄宮，易患不孕、怪病、健忘，得阿茲海默症。

8、化忌坐落財帛宮，從有變無之象，聚財不易，凡事都要想一下，考慮太多。

9、化忌坐落子女宮，生產不順，子女個性外向，但脾氣怪。

10、化忌坐落夫妻宮，另一半猜忌心重、多疑、思慮反覆，容易想很多，決定事情考慮再三。

11、化忌坐落兄弟宮，兄弟脾氣古怪，猜忌心重，若即若離的相處方式對雙方都比較好。

12、化忌加會文昌、文曲，固執但感情豐富，有才藝。

13、化忌加會祿、權，科，具管理能力，但事情容易多變化。

14、化忌加會擎羊、陀羅，錢財不易聚集，事情容易變化。

15、大小限遇化忌，波折多。

二十六、化科星

特性及屬性

化科為四化星之一，在陰陽五行中屬陽水，主科甲、考試、貴人、名聲、地位、文書及逢凶化吉，是主文之星。化科表功名、利祿，為人重聲譽，有名望，學習力強，很會考試，做事喜歡講道理。

坐落宮位或加會其他星曜代表涵義

1、化科坐落命、身、福德宮，有功名利祿，愛讀書，學習能力強，重名聲。

2、化科坐落父母宮，父母有名望，或小有名氣。

3、化科坐落田宅宮，房子較守得住，喜住名宅。

4、化科坐落官祿宮，適合公家機關、文書、行政工作，考試運奇佳。

5、化科坐落僕役宮，交友喜交名人。

6、化科坐落遷移宮，有考試運，喜愛名望。

7、化科坐落疾厄宮，頻尿、腹瀉、易疲倦，腎水不足。

8、化科坐落財帛宮，先有名氣，就有財運。

9、化科坐落子女宮，子女聰明，會讀書，考試運佳。

10、化科坐落夫妻宮，另一半有名氣，聰明，學習能力強，感情豐沛。

11、化科坐落兄弟宮，易出有名望、有名氣之兄弟。

12、化科加會左輔、右弼，有得力部屬。

13、化科加會文昌、文曲，多才藝，富感情。

14、化科加會祿、權，有財運及人緣。

15、化科加會火星、鈴星、擎羊、陀羅、地空、地劫、化忌，凶中帶吉，為人多才多藝。

16、大小限遇化科，為易出名。

二十七、擎羊星

特性及屬性

擎羊為六凶星之一，在陰陽五行中屬金，主災煞，是傷害星，有凶煞之氣，脾氣不好，剛烈固執，直來直往，衝動，遇事容易沉不住氣，正面來看，表示做事積極，有先見之明，具有前瞻性；從負面來看，易得罪人，有報復之心，宜修身養性。入命主刑剋，對命運有傷害，容易外傷、帶疤或開刀。擎羊適合獨資，為人事業心強，適合當一至二人工作室老闆。擎羊有很強的毅力，但不善與人溝通，個性獨來獨往，做事宜步步為營，雖沒什麼作為，但卻能定大局。擎羊為哨兵坐命，橫財，但財來財去。

坐落宮位或加會其他星曜代表涵義

1、擎羊坐落命、身、福德宮，幼年容易遇災傷，但帶殘可破災，做事易半途而廢。

2、擎羊坐落父母宮，父母之間聚少離多佳，否則有一方會先離開。

3、擎羊坐落田宅宮，田宅不易守，容易替人擔保。

4、擎羊坐落官祿宮，可做開路先鋒，但工作變動機率大，穩定性不高。

5、擎羊坐落僕役宮，朋友個性皆屬性情中人。

6、擎羊坐落遷移宮，外出小心，易有外傷。

7、擎羊坐落疾厄宮，開刀命，易有外傷。

8、擎羊坐落財帛宮，錢財守不住，財來財去。

9、擎羊坐落子女宮，子女脾氣不好，需留意婦科，小心會流產或拿掉小孩。

10、擎羊坐落夫妻宮，容易生離死別，宜聚少離多。

11、擎羊坐落兄弟宮，兄弟個性衝動，直來直往。

12、擎羊加會左輔、右弼，善管理。

13、擎羊加會天魁、天鉞，機會多。

14、擎羊加會科、權、祿，有財運。

15、擎羊加會火星、鈴星、地空、地劫、化忌，主破財。

16、大小限遇擎羊星，對事業、健康不利。

17、擎羊星加會白虎星，主血光之災。

二十八、陀羅星

特性及屬性

陀羅為六凶星之一，在陰陽五行中屬金，陀羅有拖延、打轉之意，做事不乾脆，拖泥帶水，亦有諸事晚成之意。與擎羊星一樣具有凶煞之氣，外剛強內陰狠，性格孤僻冷漠，比擎羊還具有堅強的毅力，但不服輸，心機重；口舌是非多，困擾多，往往得罪人而不自知。長期處於內部矛盾，蹉跎，容易想太多而心灰意冷，煩惱多，易生暗疾。

坐落宮位或加會其他星曜代表涵義

1、陀羅坐落命、身、福德宮，思想比較頑固，易鑽牛角尖，六親寡和，謀事多阻礙，有與生俱來的破阻。

2、陀羅坐落父母宮，父母易胡思亂想，小心暗疾。

3、陀羅落坐田宅宮，留守不易。

4、陀羅坐落官祿宮，因不服輸而得罪人，易產生小人是非。

5、陀羅坐落僕役宮，易交損友。

6、陀羅坐落遷移宮，不顧自己，為家人打拼，易鑽牛角尖。

7、陀羅坐落疾厄宮，想太多，易產生細胞病變或暗疾，易長痘痘、水疱、疹子。

8、陀羅坐落財帛宮，錢財不易留守。

9、陀羅坐落子女宮，小孩不好管教。

10、陀羅坐落夫妻宮，另一半想太多，易產生口角。

11、陀羅坐落兄弟宮，兄弟易招惹麻煩事，易有口角。

12、陀羅加會昌、曲，有才藝。

13、陀羅加會天魁、天鉞，機運多。

14、陀羅加會科、權、祿，適合管理工作。

15、陀羅加會火星、鈴星、地空、地劫、化忌，易受騙破財。

16、大小限遇陀羅，事業宜保守。

二十九、火星

特性及屬性

火星為六凶星之一，在陰陽五行中屬火，對命運有破壞力。主動盪，火星星性剛毅暴躁，說話宏亮，外向，處事欠考慮，個性衝動沉不注氣，容易信口開河。易有外傷，上半身及五官容易帶疤，容易有開刀的情況；身體易有內傷、腦疾。性格具有很強的爆發力，雖有膽識，但過於剛烈的性格，容易遇到挫折、災難，或感情、婚姻易生波折。

坐落宮位或加會其他星曜代表涵義

1、火星坐落命、身、福德宮，性格剛烈暴躁，頸部以上易留疤痕。

2、火星坐落父母宮，父母脾氣不好，不好搞定。

3、火星坐落田宅宮，房子變動大，易有蟲害、火災。

4、火星坐落官祿宮，判斷事情欠缺考慮，易因急躁誤事。

5、火星坐落僕役宮，朋友個性不好，有衝動之相，更換速度大、變化快。

6、火星坐落遷移宮，個性衝動，沉不住氣。

7、火星坐落疾厄宮，易有內傷、感冒等流行性疾病。

8、火星坐落財帛宮，個性急躁，易判斷錯誤，使錢財流失。

9、火星坐落子女宮，子女脾氣不好，不好帶。

10、火星坐落夫妻宮，另一半個性暴躁，易有口角。

11、火星坐落兄弟宮，脾氣暴躁，易誤事。

12、火星加會左輔、右弼，擅長管理。

13、火星加會文曲，感情豐富。

14、火星加會鈴星、擎羊、陀羅、地空、地劫、化忌，主是非。

15、大小限遇火星，易精神壓力大。

三十、鈴星

特性及屬性

鈴星為六凶星之一，在陰陽五行中屬火，為人性急，性烈嫉妒，膽大出眾，愛表現，得罪人而不自知。與火星性質相近，剛毅暴躁，個性果斷，意志力強，不服輸，愛鑽牛角尖，反應快，有急智，處事果斷，好大喜功，愛表現，心機重，口舌是非多，同樣對命運有破壞力，但不如火星明顯。主暗疾、外傷，及地震、風災、火災等意外傷害。

坐落宮位或加會其他星曜代表涵義

1、鈴星坐落命、身、福德宮，口舌是非不斷，暗藏凶險，喜碎碎唸。

2、鈴星坐落父母宮，父母小心暗疾，思緒易糾結，易生悶氣，罹患癌症機率高。

3、鈴星坐落田宅宮，易因田宅取得或擔保與人有爭執。

4、鈴星坐落官祿宮，口舌是非多，常得罪人而不自知，暗藏凶險。

5、鈴星坐落僕役宮，損友多，不喜歡說真話。

6、鈴星坐落遷移宮，注意口舌，勿多管閒事惹是非。

7、鈴星坐落疾厄宮，易有暗疾，大病不常，小病不斷，易長痘痘、水疱、疹子。

8、鈴星坐落財帛宮，守財不易。

9、鈴星坐落子女宮，子女脾氣不好，愛搗蛋，管教不易。

10、鈴星坐落夫妻宮，另一半個性急躁，愛生悶氣，心裡有話不願意表達，易憂鬱。

11、鈴星坐落兄弟宮，兄弟囉唆，令人麻煩。

12、鈴星加會科、權、祿，企業管理人才。

13、鈴星加會火星、擎羊、陀羅、地空、地劫，六親緣薄。

14、大小限遇鈴星，容易有精神壓力。

三十一、地空星

特性及屬性

地空為六凶星之一，在陰陽五行中屬火。地空對任何星曜都有不利的影響，有得而復失的特性，若遇空、劫年，易交損友，易被出賣及遺失財物等，易受精神與物質雙重打擊，所以要避免投資。地空喜歡幻想，是天生散人，聰明一時，糊塗一世，常做錯誤的決定，想法不被人理解。這種特殊的性格使地空誤打誤撞，大多為敗局，命運多波折。

坐落宮位或加會其他星曜代表涵義

1、地空坐落命、身、福德宮，性格多變，天生散人，迷糊之人，不利經商，經商者必有損失，易被騙。

2、地空坐落父母宮，個性迷糊、健忘、樂觀，不拘小節。

3、地空坐落田宅宮，不易有房子，置產會因子女關係而損傷。

4、地空坐落官祿宮，天生散人，易做錯誤的決定，處理事情往往做了才後悔。

5、地空坐落僕役宮，易交損友，容易被出賣。

6、地空坐落遷移宮，一生至少一次以上誤信別人，聰明一時，糊塗一世。

7、地空坐落疾厄宮，屬敏感體質，易外傷、跌、撞、莫名病。

8、地空坐落財帛宮，錢財守不住，財物易遺失，財來財去，勿投資，宜保守。

9、地空坐落子女宮，子女個性散，易忘東忘西。

10、地空坐落夫妻宮，眼高手低，挑選另一半要小心。

11、地空坐落兄弟宮，個性大而化之，喜歡開心過日子。

12、地空加會左輔，右弼，擅長管理。

13、地空加會文昌、文曲，有文采。

14、地空加會火星、鈴星、擎羊、陀羅、地劫、化忌，賺得快花得快。

15、流年遇地空星，會破財，投資能免則免。

三十二、地劫星

特性及屬性

地劫為六凶星之一，在陰陽五行中屬火。是諸煞星中對錢財不利的星曜。頭腦聰明，反應靈敏，性格多變，個性強，主物質，即財物耗失較大。感覺自己沒有分量，不受重視，自卑鬱悶，若遇空、劫年，易交損友，易受物質打擊，所以要避免投資，老來一無所有的人，無依無靠，需注意被騙。地劫星又稱為煞星之王，對諸星曜都有不利的影響。

坐落宮位或加會其他星曜代表涵義

1、地劫坐落命、身、福德宮，狂放不羈，思想前衛，性格多變，不利經商，易受騙，老來無依。

2、地劫坐落父母宮，父母健忘、迷糊，小心莫名病。

3、地劫坐落田宅宮，不易有房子，置產會因子女關係而損傷。

4、地劫坐落官祿宮，常因太迷糊而耽誤大事。

5、地劫坐落僕役宮，太相信朋友，容易被出賣。

6、地劫坐落遷移宮，一生至少一次誤信別人，老來無依。

7、地劫坐落疾厄宮，屬敏感體質，易得莫名病、怪病。

8、地劫坐落財帛宮，不可借錢給別人，慎防有借不還，易被劫財，勿投資，保守為宜。

9、地劫坐落子女宮，子女常忘東忘西。

10、地劫坐落夫妻宮，易遇人不淑，看人要小心。

11、地劫坐落兄弟宮，兄弟不拘小節，大而化之。

12、地劫加會文昌、文曲，感情豐富。

13、地劫加會左輔、右弼，善管理。

14、地劫加會火星、鈴星、擎羊、陀羅、地空、化忌，賺得快花得快。

15、流年遇地空星，會破財，盡量不要投資。

三十三、天使星

特性及屬性

天使在陰陽五行中屬陰火。主破耗、破財，為竊取、虛耗之神。為消耗、是非多，有意外傷害和情色桃花糾紛的產生。

三十四、天傷星

特性及屬性

天傷在陰陽五行中屬陽火。主破耗、破財之意，為竊取、虛耗之神；容易有情傷、意外傷害和情色桃花糾紛的產生。

三十五、天哭星

特性及屬性

天哭在陰陽五行中屬陽金，主刑剋、憂傷。為人個性有點孤僻，喜歡庸人自擾，會較勞碌，天哭表多愁善感、消極、憂鬱，易有傷心落淚事，主親友、家人易病厄發生。

坐落宮位或加會其他星曜代表涵義

1、天哭為人輕財重義，做事有原則。

2、天哭加會左輔、右弼，勤儉。

3、天哭加會文昌、文曲，有文采。

4、天哭加會天魁、天鉞，有親和力。

5、天哭加會火星、鈴星、擎羊、陀羅、地空、地劫，消極、破財。

6、大小限遇天哭加會吉星有權威，加會煞星破財。

三十六、天刑星

特性及屬性

天刑在陰陽五行中屬陽火，主孤剋、刑傷，是刑剋星，情分緣薄；亦主司法、醫藥和意外血光。可往司法界、醫藥界發展，若遇凶星更加強意外或開刀厄運。天刑為人個性剛直，對法律、命理、醫術、佛緣有特殊愛好。孤傲有才幹，不喜藉助他人之力，要注意官司牢獄之災及官訟。

坐落宮位或加會其他星曜代表涵義

1、天刑坐疾厄宮，容易有開刀或是肢體刑傷。

2、天刑加會白虎（同宮），主生離死別。

3、天刑加會左輔、右弼，熱心助人。

4、天刑加會文昌、文曲，有學問。

5、天刑加會天魁、天鉞，有地位。

6、天刑加會火星、鈴星、擎羊、陀羅、地空、地劫，易有官司。

7、大小限遇天刑加會白虎、火星、鈴星易有官司，加會吉星有威望。

三十七、天姚星

特性及屬性

天姚在陰陽五行中屬陰水，主風流，天姚象徵交際，主桃花，是桃花星。為人縱情，口才好，風雅幽默，聰明，反應靈敏，人緣佳，玩世不恭，喜交際，情感豐富，情慾重，風情萬種，反應快，有異性緣；多才多藝，對藝術、歌舞有特殊天分，逢大限流年易有與異性一見鍾情的感情發展。適合演藝、娛樂界、美髮、服飾發展。

坐落宮位或加會其他星曜代表涵義

1、天姚坐落命宮、夫妻宮、子女宮，以下半身思考，需求性大。

2、天姚坐落財帛宮，喜歡就買。

3、天姚坐落疾厄宮，女生需留意婦科，男生小心風流成疾。

4、天姚加會左輔、右弼，有管理魅力。

5、天姚加會文昌、文曲，多才藝，重情趣。

6、天姚加會天魁、天鉞，機會多。

7、天姚加會火星、鈴星、擎羊、陀羅、地空、地劫，感情不順。

8、大小限遇天姚，有桃花運。

三十八、天壽星

特性及屬性

天壽在陰陽五行中屬陽土。主高壽，逢病危能再延，凡事吉利，能使健康、壽命更好。為人勤奮溫和，忠厚敦睦，象徵長壽，老成持重，感情上理性重於感性。

坐落宮位或加會其他星曜代表涵義

1、天壽坐落命宮，可化煞解難，一生逢凶化吉。

2、天壽加會左輔、右弼，深思熟慮。

3、天壽加會文昌、文曲，溫文儒雅。

4、天壽加會天魁、天鉞，受人敬重。

5、天壽加會祿、權，科，有風度，有人緣。

6、天壽加會火星、鈴星、擎羊、陀羅、地空、地劫，不知變通。

7、大小限遇天壽，宜低調保守。

星曜補充說明

1、文昌、文曲、左輔、右弼、天鉞、天魁為六吉星。

2、擎羊、陀羅、火星、鈴星、地空、地劫為六凶星。

3、文昌、文曲、天鉞、天魁、化科為考試星。

❖第肆篇❖

創造生命奇蹟

人類的深層意識裡蘊藏了所有最好的生命情報，因此只要懂得開發這股與生俱來的未知能力，就能開啟隱藏在腦中的潛意識，和宇宙訊息、宇宙意識產生心靈感應。人類數百萬年的遺傳基因（生命密碼）訊息一旦和宇宙自然意識產生共鳴，就能創造新的生命模式。

第一節

紫微斗數與生命密碼解析

密宗紫微斗數精妙之知、破、解

林先生「紫微斗數生命密碼」命盤解析

傳統紫微斗數，不論是四化派、星派、宮位派或大小限派，取決點都是偏向宮位所呈現的星曜，但在「紫微斗數生命密碼」中著重的是「盤中盤」及各星曜的人性化組合。在「紫微斗數生命密碼」的個人命盤上，大小的星曜坐落在十二宮位，產生的靈動力與生命能量磁場息息相關，對應在各個人生階段及時間點，與周遭的人、事、物產生互動，牽動著命運的轉變。

林先生的命格屬太陰格，惰性局。太陰格多為氣質路線的帥哥、美女，其遷移宮在對宮出現太陽不化權、寡宿、擎羊，代表所屬環境一定要有林先生個人的特質屬性；所在命宮、遷移宮及三方四正中出現天機入廟、鈴星，另在官祿宮，也就是身宮所在，為同梁局、文昌化忌、三台、左輔、天馬、天喜等，因此林先生工作上思考頗多，會有應聘機會，但工作須有獨立性，否則想法太多，會不斷產生自立

林先生「紫微斗數生命密碼」命盤

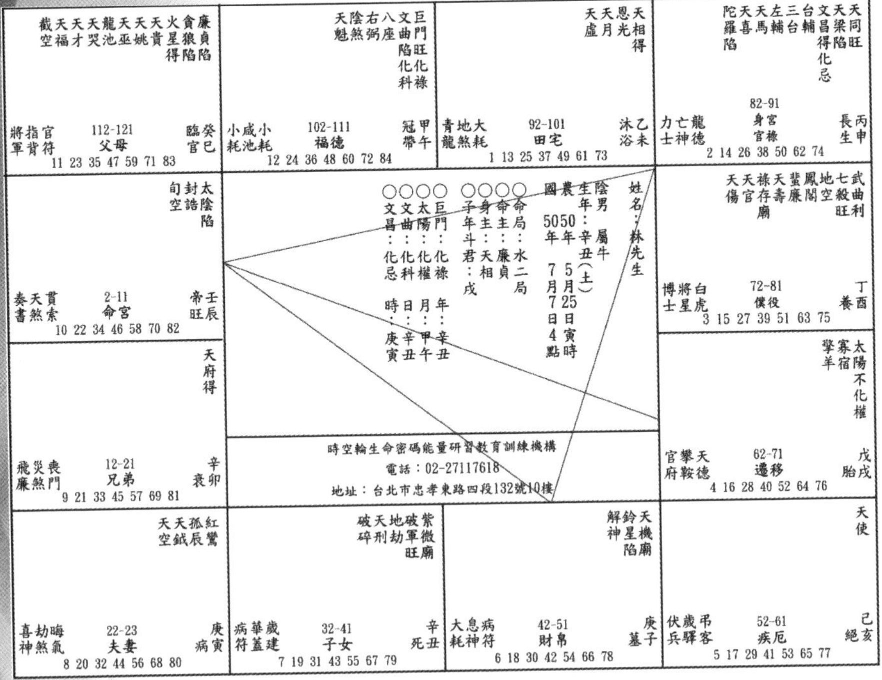

門戶的想法，所以官祿宮呈現出不喜歡真的太忙碌，不管是受僱於人或自行創業，通常經過一段時間就會產生倦怠感，工作運勢會高不成低不就，如果有宗教或助人的工作，就能跳脫此局，否則一生成就有限。

在太陰局可擔任幕僚，但必須協調性較少的專案或專門的事業部。因為是同梁格，又是太陰局，在商業領域雖擁有專業KNOW-HOW，但要從中賺取財富並不容易，加上財帛宮鈴星落陷，對宮福德宮是巨門化祿，文曲化科，有輔助性、口才及技能；雖有一技之長，但八座、右弼、陰煞、天魁在福德，夫妻會聚少離多，要注意姻緣，會有重婚現象。婚後與工作一樣，會產生修行格局，不論是事業、財庫、姻緣皆須夫妻共修，或是護持或多佈施才能圓滿。

田宅宮有天相，三方有天府，會有財運，但遇空劫，會先進後出。人生有無窮的快樂及煩惱，快樂及煩惱皆可從福德宮看出，巨門、文曲、化祿、化科是好星，但陰煞會讓修行無法貫徹，為人固執、鐵齒，如果在太多生靈的行業工作，會使運勢更加低落，這是陰煞的特質。

夫妻宮有紅鸞、孤辰，對宮為身宮及官祿宮，長相並不瘦弱，林先生的妻子具開朗及孤僻等多元性格，多疑、鐵齒，有口才及專長，主觀意識強，行事陽剛，是「妻管嚴」格局。天梁局中，妻子可主內亦可主外，個性會隨之改變，在家中會輔助先生對外的想法。

林先生出外喜結交富有之人，易受個性差異大的異性吸引。容易識人不清，被人矇蔽。在遷移宮中，外出個性孤僻，與特定目的的人才會交往互動，朋友來來去去不長久，整體而言有生不逢時之感。所以天時、地利、人和才能創造命運，天時代表命運安排，地利代表地便之利，人和代表人際調度，掌握時、空運作才能掌握命運，才可達到人生完美的境界。

第二節

命運好好玩「紫微斗數生命密碼」真實案例分享

案例一：利用「紫微斗數生命密碼」解決七百萬的官司危機

原本我先生和小叔在同一家批發公司上班，半年前小叔跳槽到同行發展，但他犯了一個商場上的大禁忌，就是將客戶資料帶走，他的舉動引起原公司的不滿，進而告上法院，後來幾經協調雖然以和解收場，但是和解條件是三年內小叔不能跟原公司的客戶銷售同種類商品，否則需賠償新台幣七百多萬元！

在雙方協調期間最可憐的就是我先生，他一方面擔心自己的弟弟會吃上官司，一方面擔心會遭魚池之殃而被公司解雇，在未學習「紫微斗數生命密碼」之前，我會跟他一起煩惱，但這次我將先生的生命密碼拿出來研究後，要他去跟總經理表明自己弟弟犯錯他對公司感到抱歉，所以公司的決策他完全支持的立場，所以在協調完成後，公司不但沒有解雇我先生，還幫他加薪！

到此大家一定以為事情應該就此結束了，但這件事餘波盪漾，還沒真正落幕呢！

因為小叔他天真的以為自己只要不銷售與原公司相同的商品，這樣就不算搶客戶，例如：原公司銷售A客戶紅酒，那他就銷售A客戶白酒，這樣好像不衝突！但是和解書上是規定同種類商品，紅酒？白酒？不是都是酒類嗎？！這次真的完蛋了，原公司請律師向他要求賠償，小叔急得打電話跟我先生求助，有了上次的經驗，我先生當然第一個想到我，這次我將他和小叔的生命密碼合起來研究，幫他們挑一個良辰吉日，要我先生在某日的某個時間點去找總經理求情，就在天時、地利、人和的機緣下，我小叔又順利過關！

就這樣我利用「紫微斗數生命密碼」幫先生保住工作，幫小叔化解了官司並省下七百多萬元。

金小姐

案例二：「紫微斗數生命密碼」讓疾病無所遁形

學習紫微斗數生命密碼兩年多以來，讓我感受到幫助人的快樂，尤其最大的收穫是自己及親友。

這段時間，有不少人為了工作、感情、錢財、身體……在煩惱，或者有困惑解不開來尋求心靈諮詢，希望能打開心中的迷思。記得有一次和某位親戚見面，因為平常大家工作都各忙各的，鮮少碰到一起，這天他由於身體狀況不適，來找我幫他看生命密碼尋求解答。一看之下才發現，他潛藏著腫瘤癌症的基因，所以要他平常就要注意自己的生活作息、情緒及腦壓，並且一年至少要做一次全身健康檢查。當我在幫他看流月的時候，剛好那個月的運勢在身體上要更加留意，因為他以前腸胃有長肌瘤的病史，所以我要他再去做檢查，但他說要出國沒空去，我還是叮嚀他回國記得去做一次腸胃鏡檢查比較放心。他在回國後去檢查的結果，發現他的大腸長了三個肌瘤，要做切除的手術，這件事讓原本個性鐵齒的他嚇了一跳，也驚訝我如何可以看得出來他的身體狀況！也因為這件事讓他固定每半年至一年會定期去做追蹤檢查，也學著讓自己的情緒EQ提升，讓心情保持快樂，讓疾病自然而然遠離。

這是紫微斗數生命密碼神奇的地方，不僅能讓我對可能發生的事提早做預防準備，也讓我在生活中幫助許多無助的人。

黃小姐

案例三：透過「紫微斗數生命密碼」預警車關危機

我在一次偶然的機會下，路過一間展示佛教水晶文物的精品店，一方面基於好奇，一方面想要找薰香粉，所以就走進去看看，而裡面的師姐也很熱心地幫我介紹，越聊越投緣也越聊越多，這時才知道隔壁的許老師有定期舉辦義診，藉由紫微斗數生命密碼來幫助有需要的人；也因為這一次的偶然機會，讓我認識了許老師。

許老師利用紫微斗數生命密碼來幫我們做運勢分析，並提醒有哪些要注意的地方，所有細節部分還都會記錄在紙上，讓我們可以帶回去備查，謹慎小心地處理應對每一件事。

今天是97年元月16日，而我現在要敘述的事情是一件剛發生在96年12月16日的事。在這之前我請老師用紫微斗數生命密碼幫忙看這個月的運勢及注意事項，當時老師特別交代我騎車要小心，更要小心冒失鬼，會有車關要注意。我當時想：我平常騎腳踏車，會有什麼車關？而且我騎車又很小心，應該不會有事才對。雖然心裡想不太可能，但騎車還是有比較謹慎，以防萬一。

16號當天晚上，我像平常一樣騎著腳踏車回家，沒想到騎到一輛停在路邊的轎車旁時，對方車門忽然打開；因為對方車子沒有發動也沒有任何燈光，根本沒想到車子上會有人，所以反應不及，連人帶腳踏車被車門給撞翻，而且右腳板還被車門邊給劃開一道大傷口，血流如注，當場整個人痛得坐在地上爬不起來，到底是什麼樣的傢伙，也不看看有沒有來車經過就開門！對方發現後趕緊送我到醫院去掛急診，並縫了五、六針。事後整個腳腫得像「麵龜」一樣，鞋子都快穿不進去了，走路也很困難，如此折騰了一、兩個星期才慢慢恢復。

從這件事上看來，除了車關外，還外加一個冒失鬼！兩點都被老師給說中了！連好好的騎個腳踏車都會飛來橫禍！事發當時腦中閃過老師的提醒，還好身上帶著老師給的護身符，才大事化小、小事化無。事後回想，不得不佩服老師紫微斗數生命密碼的準確度，說有車關就算了，連中間會出現個冒失鬼都看得出來，準確程度還真是細微啊！非常感謝老師時常透過紫微斗數生命密碼來提醒我應當小心注意的事項，並讓我有方向及方法去應對許多事情，讓問題可以順利解決。

曾小姐

案例四：學習「紫微斗數生命密碼」讓我瞭解命運，重新出發

人總是要面臨困境時，才會有不知所措、茫茫然的疑惑，但又有多少人到最後可以重新再振作起來，再重新開始自己新的人生，而且又要花多少時間、多少金錢來治癒心靈的傷口呢？天性樂觀的人可

能很快就可以做得到，但大多數的人，在面臨人生的大打擊、大挫敗時又有幾人可以樂觀的站起來呢？

我在遇到人生的大打擊、大挫折時，茫茫然而不知所措，左思右想總是感到無所適從，在人生大十字路口中徘徊抉擇，也正因為如此，同時與許老師結緣，這是我自己以前從來沒有想過會遇到的事，其實人生真的是沒有「絕對」的事，人生中有很多事，常常都是出乎意料之外的。因為當一個高知識分子、高科技人員，在人生當中一直都很平穩時，總是無法去體會什麼是「居安思危」？而當面臨晴天霹靂的挫折時，才會有感而發的覺得「人生無常」，高知識、高科技並不能解釋人生無常，也不能做為一生的平順護照，於是乎，遇到人生挫折時，心裡總是非常無助、無力的，雖然我的個性是很樂觀的，但畢竟凡人的能力還是有限的，也只能選擇去面對而已。所以說，只要是「人」就有煩惱，「人生不如意之事，十之八九」吧！

我在和同事一起合夥創業的過程中，因為每個人都在為自己的未來努力著，所以都是全力以赴，投入了所有時間、金錢和心力，因此公司業績蒸蒸日上，因為我是30歲，第一次創業，當我正在為自己第一次創業就很成功而感到高興時，其中一位股東卻「見錢眼開」捲款潛逃了，一夜之間，創業成功的美夢破碎了，公司面臨財務危機，周轉困難，而其他股東包含我自己，開始負債累累，所有的負債金額，超過我的能力所及，公司已很難繼續營運，真的不知該怎麼辦。在如此困境之中，我需要有人給我建議，指引我迷津，是要繼續苦撐公司？還是結束營業？也因此對一個從沒有任何宗教信仰的我，以及「鐵齒」不相信命理的我，也想試著去尋求一個人生方向！我很幸運的，在一個偶然機會中與許老師結緣，並學習紫微斗數生命密碼，人生真的很難說，也許正是所謂的「機緣」到了吧！

在我創業失敗時，我在公司看到很多人性的醜惡面、黑暗面、現實面以及人情冷暖，所以有一段時間，在我內心深處，我不再輕易相信任何人，家人以外的任何人，全都對他們存有不信任感，但現在我已重新再出發了。說真的，「人真的不怕跌倒，怕的是無能力再重新站起來」，而且現在一切都很平順，家人平安，另外，也收到了法院寄來的信，表示已抓到那個犯罪被通緝的股東，真是老天有眼呀！我常認為這種小案子可能不會那麼容易破案，又或者人不知逃到哪去，永遠都捉不到了呢！沒想到不到一年就捉到了，可能是準提佛母聽到我心裡所求的吧！不要讓這種惡人逍遙法外，而且那惡人在法庭上承認所有罪行，沒有任何異議，因此開庭順利結束，一切就是如此順利，一切噩夢真的都過去了，這都是佛母的保佑，我真的相信，誠心可以感動天的！

所以說，今天的我，真的體驗到了一句話，「塞翁失馬，焉知非福」，在危機中也會有「轉機」的，因為天無絕人之路，上天是有好生之德的，並且自己也會對人生以及命運有更新一層的體認，而我是何等的幸運，能遇到許老師，並透過紫微斗數生命密碼瞭解命運，雖然剛開始我也是半信半疑的，「因為我是個鐵齒到不行的現代人」，但我心想最壞、最糟也不過是現在這樣的狀況，那就姑且豁出去試試看吧！再給自己的命運一個起死回生的機會，而在學習的過程中也有一些考驗以及阻礙，因此也曾產生了退卻心，但是我的個性其實還挺固執的，我很愛學習，而且還要學到會才肯罷休，所以堅持學到現在也快九個月了吧！在這兒看到了不少芸芸眾生的痛苦與煩惱，現在最想做的事情，就是想跟老師一樣，廣傳準提佛法，讓每個傷心人都能走出傷心的陰影，大家加油吧！

林小姐

案例五：「紫微斗數生命密碼」協助我創業成功

會接觸紫微斗數生命密碼真的是一個機緣，當時我的工作遇到瓶頸，正當我在換工作或是自己創業的問題上打轉時我遇到了許老師，許老師利用紫微斗數生命密碼幫我做人格特質的分析，也針對我的特質幫我做創業的規劃輔導，因為我的資金不多，所以老師要我從小型的攤子開始，老師真的很用心在輔導我，其中大到地點的評估，小到包裝的袋子，全部都是老師親自幫我規劃。

也因此我開始經營自己的事業才10天，一天營業3小時，可是營業額就從第一天的五百多元，到現在已破千元大關了，相信再過不久，我的營業額就可以達到一個月六萬元的目標了！

所以紫微斗數生命密碼真的幫了我許多，也改變了我固執的個性，好像生命獲得了重生一樣！

許小姐

案例六：「紫微斗數生命密碼」預警血光，化險為夷

我是個忙碌的上班族，和許老師認識也是因為工作的關係，到現在大概也有兩年多的時間了。自己原本對宗教有特別的信仰，對於所謂的「算命」，也抱著半信半疑的心態，因為每個算命師根據不同的方式，算出來的結果好像都不太一樣，尤其是在我退伍的那一年，媽媽帶我和弟弟去萬華一位陳老師那邊算姓名學，結果我們三個人都一起改名了，說未來運勢會比較好，我當時真的很排斥，因為所有的證件包括畢業證書、退伍令全都要改，還要昭告所有的親朋好友，覺得很麻煩，那時候剛好又面臨找工作的問題，結果工作一找就是三個月過去，仍然沒有找到適合的工作，那時心裏很急，心裏更篤定算命都是假的，還好後來沒多久就到現在的公司服務了。

由於許老師的親和力，讓我完全的信任他，記得去年年初向許老師請教當年的運勢，老師告訴我農曆二月會有車關，並求了一塊佛母的護身符要我戴在身上護身保平安，以及要我騎車特別小心注意安全，當時我把老師的話記在一張紙上，可是回到家裡之後就把紙收到抽屜了。農曆二月的某一天，還記得那天有寒流，我全身包得很厚實，騎車要到三重去上家教，在路上被一台闖紅燈的汽車擦撞，害我在

地上滑行了五、六公尺，那台車一溜煙就不見了，我當時第一個念頭就是怎麼會那麼巧，真的被老師說中了！不過還好只是一點點皮肉傷，多虧我戴了佛母的護身符在身上，替我消災解厄、化險為夷，正是因為這樣，我心裏對於紫微斗數生命密碼的奧秘想去一探究竟，也想更瞭解佛母的修持法門和靈感，於是乎後來我也當了老師和準提佛母的學生，正在努力學習當中，希望有朝一日也能幫助更多的人。

呂先生

案例七：「紫微斗數生命密碼」讓我透視生命迷思

92年元月30日農曆過年前，我選擇離開工作八年多的老東家，心中感念這個工作舞台所給予我的工作技能與人性試煉機會，無數的喝采與掌聲導引我找到了自己的專長與興趣，只是在長年不斷的競爭與現實的環境下，自己的心早已傷痕累累！想想人生角色的扮演，我願意先付出，甚至為了堅守原則也會不計利害得失！只是當面臨人性的反覆無常與人情冷暖時，往往選擇放棄一切，或許這是我對生命的抗議方式。也是人生的破局之處，為什麼自己的命運總要在經過一番決裂與毀滅而後才能大徹大悟、痛定思痛？我很厭倦這種生命輪迴模式！拒絕所有好友與同事的關心，將自己封閉起來，這是我療傷的方式，我早已習慣獨自面對生命中的痛！

4月2日初與許老師結緣，經過近五個小時的長談，當下決定加入老師的「紫微斗數生命密碼課程」，只因為有一股被瞭解的感動，很深層的，很久沒有這種悸動，回家抽到的禪卡是「整合、源頭」。

5月5日上課時，老師為我的命盤做解析，命中「破軍」又化權，就是這顆主變化又影響深遠的星辰，主掌了我所有的情緒，雖然它讓我感性、勇氣、多元又具魄力（很像一個女人可以為愛不計代價的特質），卻也令我的生命充滿矛盾與衝擊及破壞，這是我人生無法安定下來的原因，自己學習紫微斗數生命密碼，是希望能在知命的同時，亦能悟得破解之道，成就自己同時亦能利益他人，破軍星是我在學習知命同時，首先要努力相處之課題。

5月18、19日參加「時空輪生命密碼能量研習營」，讓我有種無法言喻的震撼與悸動，內心深深的感覺到「自己的心已經好久好久未曾跟人靠得這麼近」，或許我真的將自己封閉太久了，雖然別人無法再傷害我，但相對的，自己也走不出去了，那種釋放的感覺真的很棒！課堂中老師傳授大家，學習丹田運氣並配合口訣持誦「六字大明咒」，頓時全身發熱，直覺對我的身體有相當的助益。另外老師教導大家改變磁場的兩大重點：（一）如果要改變自己的磁場，就要跟原來的生活習慣及思維做一番逆勢的改變；（二）個人的磁場弱時，可藉重團體共修的力量，將自己的磁場提升起來，故團體的命運與個人是息息相關。勿忘隨時貢獻一己之力，也藉此破除每個學員對「我」的執迷，兩天的課程下來，讓自己的心充滿感恩之情。我感念生命中曾經提攜、照顧與關愛我的朋友，更感謝那些傷害過我、賦予我機會去體悟那份感同身受之痛的貴人，因為這些生命的過程，去除了人與人之間的隔閡與距離，讓自己的心與他人是一體的，我不知道這是否為佛家所言「同體大悲」之含義，但我的確感受到「心懷感恩」的偉大力量，非常感謝佛母與老師的慈悲與智慧，讓我有如此棒的心靈體悟，心中如獲至寶，更勝人間一切……課堂結束之際，心中虔誠對佛母祈求，希望祂能慈悲加護，引導我這一生能做心的主人，遠離顛倒癡迷，不再為境所役。

趙小姐

第三節 改寫生命密碼DNA時空輪生命密碼能量研習

一般而言，人類所處的空間是由長、寬、高所構成的三度（三維）空間，若將時間因素考量進來，就成了四度（四維）空間。亦即利用X、Y、Z的三個立體座標軸來表示相對的空間位置，所以人類會身處在靜態的三度（三維）空間或是加入時間軸的四度（四維）空間裏。現代科學家已承認十一度（十一維）空間的存在，此種四維或更高維空間的思想與複度空間的學說即可對佛教中「法身遍滿空間，無有障礙」等不可思議現象提出合理解釋，日本松下真一學者亦曾利用實驗證明現代物理學中的「元質點論」與佛教思想的共通性；德國學者卡普拉更發現《華嚴經》與物理學有非常驚人的相似度。

雖然量子力學開啟宇宙論，現代物理學也印證佛教與高維空間的論點，但愛因斯坦的相對論則徹底改變人類對時間、空間等宏觀宇宙的解釋，他認為宇宙沒有絕對的空間與時間，只有空間和時間可以互換，因此必須將時空（space-time）結合起來，才有絕對意義。所以愛因斯坦更進一步發現「時間與空間合而為一的世界」將開啟蘊藏在人腦的深層意識。

人類的深層意識是屬於心靈空間的交會，研究心靈活動的學者認為這個特別的空間和第四度（四維）空間有所交集，當第四度（四維）空間的軸連接心靈空間（五度或五維空間）時，腦波訊號將在此空間發生交集，繼而產生超乎常人認知的能力；愛因斯坦亦認為人類潛意識聚集數百萬年來的遺傳基因訊息（潛意識意指潛藏在一般意識底下的深層意識），其中甚至包括人類生存最重要的生命特質與宇宙自然法則，這股神秘的深層力量稱為「宇宙意識」，日本腦內革命作者春山茂雄並將它稱之為「祖先腦」。

人類的深層意識裡蘊藏了所有最好的生命情報，因此只要懂得開發這股與生俱來的未知能力，就能開啟隱藏在腦中的潛意識，和宇宙訊息、宇宙意識產生心靈感應。人類數百萬年的遺傳基因（生命密碼）訊息一旦和宇宙自然意識產生共鳴，就能創造新的生命模式。

現代科技文明不斷進步，但隨著醫學技術的發展，文明病卻有日益增加的趨勢，其中不乏許多病症在醫學界中無法找到病因，不論是身體或心理的創傷，這些疾病絕大部分都是深層意識所發出的警訊。深層意識記載著生命的總總歷程，從宇宙創始到累世記憶，甚至是今生發生的事件……全都記載在人類心靈DNA的秘密檔案中。透過生命密碼，打開心靈DNA裏的神秘檔案，將累世的障礙與今生負面思想清除，就能重新設計生命藍圖，啟動生命能量，做自己生命真正的主人，當心靈障礙消除後，這些病痛自然能夠不藥而癒。

如果您常感嘆生命的無常變化，並想解開深層意識，瞭解病痛來源；或者打開深層意識裏蘊藏最好的生命情報，補充源源不絕的生命能量，時空輪生命密碼能量研習教育訓練機構特別為您推出「時空輪生命密碼能量研習課程」系列，那何謂時空輪呢?‧時（Time），意指時間；空（Space），代表空間；輪（Round），是轉動之意。時空輪（Time - Space Model，簡稱T.S.M），是解開時間、空間的轉換模式；生命歷程中最重要的是時間，時間運作不斷創造各種空間，所以只要能掌握時間的運轉，空間的起、承、轉、合自然可以變化。

透析生命密碼必須解析時間與空間，在時間與空間中找到生命解套的最佳方式，這是時空輪解釋「紫微斗數生命密碼」的依據，更是時空輪生命密碼能量研習機構成立的涵義及宗旨。然而時間與空間亦有許多幻象，時間有過去、現在、未來，空間也有多維、重疊，甚至扭曲的現象，運用時間轉換空間，並整合空間的喜、怒、哀、樂，就可創造生、老、病、死、妻、財、子、壽等人生八大主題。喜、怒、哀、樂的掌握與創造，可使八大主題呈現美好的結果，所以研究時空輪（T.S.M）愈完整，就可使「紫微斗數生命密碼」愈深入，愈有可看度。

時空輪生命密碼能量開發，既然是透過「紫微斗數生命密碼」來探索「時間與空間轉換生命能場」的科學。其中包含「時空輪生命密碼開運能量諮詢」、「時空輪生命密碼能量研習課程」、「時空輪生命密碼能量開發研習營」等三大系列。「時空輪生命密碼開運能量諮詢」是希望透過「知」的部分讓更多人瞭解「知」的道理；「時空輪生命密碼能量研習課程」則是做有效的生命能量解析；最後透過「時空輪生命密碼能量開發研習營」的整合性統合，所有學員在兩天一夜的研習營中快速瞭解「紫微斗數生命密碼」的過去、現在與未來，並透析時間與空間轉換及人生格局的奧妙。過去的你、現在的執行度與未來的福德創造，就會在此一覽無遺。因此時空輪生命密碼能量開發效應可以更快、更有效的讓一個人瞭解各生命階段的不同，所以生命密碼能量的擴展，相對可以幫助別人創造更大的空間。

「時空輪生命密碼能量研習課程」系列透過「紫微斗數生命密碼」，採循序漸進方式，協助許多人生命重建，以重新認識生命為訴求重點，鞏固生命磁場，才能發揮能量。如果你想探索過去？如果你想知道自己的生命密碼？甚至預知未來？時空輪生命密碼能量開發課程系列，將帶你解開生命密碼DNA，體驗時間與空間能量運轉的魅力，重新啟動你的生命能量！

在全新擘劃的「時空輪生命密碼能量開發研習營」，藉由愛因斯坦的「時間與空間合而為一」宇宙自然法則啟動生命能量，為您解開不可思議的生命密碼DNA；根據您與生俱來的密碼通行證——出生年、月、日，經由時間與空間轉換傳導特殊能量訊息，活化您體內深層脈輪，直接開啟細胞的原始本能，讓您成功掌握天、地、人三者生命能場的交流互動，將生命與自然合而為一。透過短短的30個小時，您必然可以親身體驗宇宙時空磁場的轉換，進而幫助您探索自體生命能量，解開「紫微斗數生命密碼」的奧妙，並預知生命未來、創造永恆的生命奇蹟！

第四節 生命奇蹟再現
「時空輪生命密碼能量開發研習營」學員案例分享

案例一：「時空輪生命密碼能量開發研習營」激發開運磁場

「時空輪生命密碼能量開發研習營」的所有課程活動都深深震撼我心！記得在課程裏，老師播放了一部《童夢奇緣》的片子讓我們去體認，劇情引動我內心深處最恐懼的那一面，人生的無常是我們最無法掌握的，往往都沒有做到把握當下的時機點而錯失了良機，也因為抉擇錯誤，迷失方向而悔不當初；生命是無法重來的，除了檢討過去自己的過失外，我在想，在未來有限的生命裏，我能做什麼？又要如何讓我的生命活得有價值、有意義呢？在未來的日子裏，我該如何規劃我的人生方向，才不會重蹈覆轍呢？於是我更想把生命密碼的課程學習好，引導自己正確的方向。

另外，老師在開啟我們能量的課程裏，讓我們用冥想的方式去感受能量磁場的存在，當我閉上眼睛，腦袋放空的時候，慢慢可以感受到自己身體靈動，自己去控制還是會晃動，大概是我比較敏感吧！有時候也會感受到體內的一陣陰冷寒顫，但睜開眼睛又不會了。

這著實讓我知道不同的時間、不同的空間，也會有不同磁場的問題。當兩道磁場重疊的時候就會產生撞擊現象，所以我們有時候才會突然的不舒服，看醫生吃藥也沒什麼效果，可是當我們磁場調整好，自然便會修復，倒也讓我覺得不可思議！

在「時空輪生命密碼能量開發研習營」的課程裏，老師引導我們探索生命能量與開發能量，由我們每天的運作調息便能增加好的能量，釋放負能量，讓我們的身、心、靈做適當的調整，有良好的能量磁場，才能讓自己有加分的效果，希望每次都能參加「時空輪生命密碼能量開發研習營」，讓自己更進步！

黃小姐

案例二：「時空輪生命密碼能量開發」與一般的「潛能開發」真的大不同

以前我常參加潛能開發課程或是心靈成長方面的課程，因為每工作到一段時間就有腦袋被掏空，或是身體壓力達到飽和狀態，所以需要利用一些課程來充實及釋放自己。但是那些課程通常都是台上講師講得口沫橫飛，台下學員睡得口水直流，或是講師帶著我們大吼大叫一番。

雖然喊一喊、叫一叫後好像釋放出一些壓力，感覺身體裏的垃圾全被倒出來，所以輕鬆許多，但是那只能持續幾天，因為回到工作崗位時又開始接收外來的壓力，身體又開始呈現飽和的狀況，效果的持續性不夠！

第一次參加時空輪兩天一夜的課程，在出發前聽學長、學姊們的分享，心裏總是打個大問號，因為上過這麼多課程還不是大同小異，哪有什麼不一樣？也因此帶著幾分懷疑前往參加課程。

研習營一開場的開訓，就讓我覺得真的不一樣，之後老師活潑生動的教學，時而靜態，時而動態，課程安排緊湊，再加上老師的教學內容豐富，所以大家手不停的勤做筆記，似乎深怕漏掉什麼寶藏一樣。但在這兩天一夜的課程裏，令我印象最深刻的還是「能量開發」與「釋壓」課程，在課程進行中我除了完全釋壓外，自己潛在而尚未被開啟的能量也同時被開發出來。

上完課後，我有一種前所未有的充實感、滿足感，不像以前所上過的潛能開發課程那樣，有種「少了什麼」的感覺，「時空輪生命密碼能量開發研習營」真的有別於一般坊間的潛能開發課程，真的口說無憑，還是需要您自己親身來體驗！

金小姐

案例三：為什麼是我？

時空輪生命密碼能量開發研習營，課程內容充滿了意外性和許多的驚奇，不僅帶領我們體驗時空中能量磁場存在的真實性，並藉著團體與夥伴間的合作，在短短的時間內激發腦能量的無限潛能；也讓我們體認到在社會人群中人與人之間的互信及互動關係，使我們得以將一生中與時間、空間和大環境群體間互動的變化、對人生的疑問和看法，全濃縮在這兩天一夜的活動中，盡收眼底。

在所有的活動中，讓我印象最深刻的是一部以喜劇收場的影片；內容看似天馬行空、純屬想像娛樂，但經過老師一邊說明講解，慢慢的，影片不單單只是影片，而是在看我們的人生。

這部電影是大家都不陌生的《王牌天神2》，劇中敘述一個舌粲蓮花的播報員轉戰政壇，並對大眾說了許多的理想和抱負，每天只想著如何在政壇上佔有一席之地。這就像我們每天的生活一樣，整天在想著怎麼賺錢、怎麼和社會環境人群共處，所有的心思除了「過生活」之外，也沒有多餘的時間和精神去注意其他的事了。

然而在某一天，忽然有許多成雙成對的生物，不斷的出現在他的生活周遭，擾亂了他的生活；而上帝的化身更是出現在他面前，要他打造一艘諾亞方舟，拯救在不知何時將會到來的大洪水危機。但一個只注重現實層面的政客，怎麼可能輕易放棄他好不容易得來的一切？更不用說要他放下身段，讓所有的人都像在看精神病患一樣的，看他所從事的事情——動手打造一艘巨大的木船——為了一個不知名的、空穴來風的災難。

試想，在我們平凡的現實生活中，忽然要你放棄一切習慣的日子和所擁有的一切，去做一個怎麼看怎麼都會被當成怪胎的事時，旁人看好戲似的冷眼旁觀、嘲笑八卦，是我們所不能忍受的，更何況是像這等荒誕造船工程，和沒有實際證明會來的災難呢？這也證明了人只會看眼前的事實和證據來判斷是非對錯。

當然主角極力的反抗，覺得這一切都是夢，是現實生活中不可能發生的事情，而且就算真有其事，「那為什麼是我？為什麼是我要來做這件事？」但不論他做任何的抵抗，都輕易被上帝所折服，一定要他造方舟，拯救世界。主角在經過不斷的嘗試和失敗後，終於認命的開始打造方舟，最後不僅得到家人的支持，也因此多了和家人相處的時光。各界用不同的眼光來看他、嘲諷他，覺得他發瘋了，已經很久沒下雨了，太陽又那麼大，怎麼可能會有大洪水？當政府要來拆船時，天上及時下了一場大雨，大家先是一陣驚愕，但雨馬上就停了，於是引來全場一陣譏笑；當主角全家人以為原來一切都是玩笑、心灰意冷時，遠遠的、因官商勾結而偷工減料與建的水壩潰堤了！果然一場大洪水的災難轉瞬到來。主角讓所有人趕快上船避難，大船隨著洪水一路直奔政府大樓前，揭穿了政府要員的惡行，而這件事也讓他學習到，什麼是他真正該花時間去珍惜的。

「為什麼是我？」這句話大家耳熟能詳，因為幾乎每個人都說過；暫且不論是什麼原因脫口而出的，這句話都深藏了人生的目的和意義。「為什麼是我？」就是你！沒有任何的理由，因為這是我們每個人的一生中所負責和扮演的角色與責任；就如同「為什麼他們是我父母？」、「為什麼他們是我兒女？」這些都是註定好的，都需要你負起責任，並從中去學習改進的地方。其中過程也許少不了反對聲浪、嘻笑怒罵，也一定會面臨許多的抉擇和考驗，這些困難會逼迫我們放棄努力和前進，也常常會讓我們萌發「為什麼是我？為什麼我要面臨這樣的遭遇？」的想法，讓我們裹足不前、自暴自棄。古有云：「當局者迷。」或許我們不明瞭其中奧妙之處，不知道當我們過關斬將後，將會見到怎樣的人生風景，但唯一可以確定的是，所有的一切冥冥中自有安排，當際遇來臨時，才會真正突顯這一路走來的價值和意義。

陳小姐

案例四：體驗磁場撞擊與能量修補的時空之旅

在今年的十一月中旬，我參加了「時空輪生命密碼能量開發研習營」，這是一門特別的課程，對我來說我從未參加過這樣的活動研習營。還記得出發到那裏的第一天，第一個活動就把大家的體力和精神發揮到最極限，當然我也早已累垮在一旁了！但是那種感覺很真實，也是我從來沒有過的，這也讓我印象非常的深刻。到了差不多凌晨2、3點，我們要上一門很不一樣的課，但卻在上課之前，我整個人已經進入非常不舒服的階段，後來老師幫我看了一會兒，就說我是磁場撞擊而元氣受損，所以才會很不舒服。後來我們下山到了教室裏，老師就幫我按了幾個地方，心想按幾下應該是不會怎樣，誰知道老師按下去的

那幾個地方，真的是痛到不行！但是經老師這樣一按，我整個人又恢復到原本活蹦亂跳的樣子，那種感覺真的很奇妙，真的很神奇！

真的是要親身體驗過才會知道，原來跟人家磁場撞擊會讓人元氣受損。這趟「時空輪生命密碼能量開發研習營」讓我深深體會到，人的身體就像一個海綿，會吸進許多好或壞的氣場，因此當我們感覺身體磁場不好時，就要把它排放出去，這樣才不會因為磁場不好而影響我們的身體、情緒及運氣！

劉小姐

案例五：Dreamworker

命運真的有公式嗎？我很想探索生命的奧妙，試圖解除制約！基於這樣的動機，我參與了時空輪生命密碼能量研習課程，想要探索生命的密碼，企圖從中解構而得到自在與逍遙。

課程的安排裏，許老師簡單的介紹時空輪的意義：時，意謂著時間；空，指的是空間；輪，是轉動之意。想要探索生命能量解開生命密碼，應先瞭解生命的來源。人這個字，從字面上的解讀，就是從出生點開始，隨著年紀的增長，一直面臨著「是」與「非」的抉擇。我們一生的際遇一直是「機率」加上「機遇」，建構生命能量場交流互動的輪轉模式。

課程安排兩部電影與我們分享生命的過程與意義。第一部《童夢奇緣》，很溫馨具啟發性的一部電影，故事敘述一個小男孩終日希望長大後能夠獨自生活，不喜歡後母而一直逃家。一天在公園裏，遇上一位流浪漢提煉了一種能夠快速成長的藥水。陰錯陽差下，藥水使他在一夜間變成一個二十多歲的成年人，既驚又喜地踏上了夢寐以求的旅程。他外表雖是成年人，卻仍是十二歲小孩的心智，時間在他身上走得特別快，每晚的年紀都在急劇遞增，一邊急於尋找解藥，一邊要想辦法重拾一個溫馨的家。

這部影片給了我重新對生命和光陰的尊重，並體認要好好珍惜生命上的緣分。劇中有許多發人深省的經典對白，值得細細思考推敲。如：

「生命是一個過程，可悲的是它不能夠重來，可喜的是它也不能夠重來。」

「你只剩一天可活啊，那可要好好把握。」

「我們只看到了一面卻沒有看到另一面。」

「現在明白了也不遲，未來是充滿希望的，哪怕你的生命還剩下一天，也要好好活。」

「上天賦予每一個人的時間都是一樣的，可是結果怎麼樣就全靠自己掌握了。」

另一部電影《１４０８》則是改編自恐怖大師史蒂芬金的短篇同名驚悚小說。《１４０８》的情節描寫一個鐵齒不信鬼神，卻以到處探訪民間鬼屋、記載聳動過程做維生題材的作家，住進了號稱沒有人能活著出來的海豚飯店１４０８號房，看似平凡無奇又一個鬧鬼套房之夜，將挑戰他對人間煉獄的承受能力。

《1408》表現的是撒旦試探人性的戲碼，突顯一個逃避舊傷口的大男人，在被迫面對摯痛與無形力量威脅的瓦解過程中，對抗心魔並重尋信仰的戲劇化過程。整部電影重視的是巧思與驚悚氣氛，搭配人性化的角色與故事。課程中未完全看完劇情，倒是覺得結局的安排是要告訴我們，他經歷過的一切，其實不是幻覺而是真真實實體驗了一趟生命的歷程，就像我們內心最畏懼的噩夢，醒不來的那種，重複內心最不願面對的事物，或許折磨人的地獄也正是如此景象。

試想：當你一直無法脫離噩夢時，該怎麼辦？對於傷痛該如何面對？失去女兒的痛該如何撫平？對於惡魔你是選擇屈服還是勇敢的向它挑戰？甚至同歸於盡呢？

到底現在所經歷的一切是夢？非夢？或是永無止盡噩夢的序幕？

夢中的夢中，到底現在是另一個夢還是真實的呢？就像我所參加的時空輪生命密碼能量研習營似的，好一個心靈撼動！

余小姐

案例六：哈利波特世界真實呈現

我是哈利波特迷，對於哈利波特書中所敘述的時間與空間轉換的情節，我卻在「時空輪生命密碼能量開發研習營」真實的體驗到。

在哈利波特書中所描述的魔法世界，就是利用時間與空間轉換的概念，或許你會覺得那只是作者虛擬出來的科幻世界，但是人們一直不斷探討研究的百慕達三角洲，不也是時間與空間轉換的問題？！

我參加過幾次「時空輪生命密碼能量開發研習營」的課程，每次的感覺都不一樣，記得第一次上課外面是大白天，而且天氣晴朗，但是教室內卻是冷風颼颼，連窗簾也被風吹得像旗海飄揚，這時候問題來了，因為教室內窗戶緊閉，而且工作人員還貼了好幾層的紙，將窗戶緊緊的封牢，怎麼會有風？！

之後，陸陸續續同學們都各自有不同的感應，有的聽到女孩子的哭泣聲、有的聽到急促的呼吸聲、有的覺得有人不停的對著他耳朵吹氣、有的覺得有人拉她的衣角……等等各式各樣的狀況出現，大家猶如置身荒野山林的狂風暴雨一般，真的是很特殊、很神奇的經驗！

第二次參加與第一次又是不一樣的時空轉換，這次是在晚上體驗，但是教室內卻充滿了亮光，有人看到紫色的光、有人看到紅色的光、有人看到黃色的光、也有人看到他所信仰的神佛……等等，在同一個時間裏，卻出現不同的空間與磁場，這絕對不是虛擬的魔獸世界，彷佛是哈利波特的魔法世界，真實的呈現在大家面前，絕無虛假！也真正讓您體驗時間與空間轉換的神奇能量！

張小姐

案例七：「時空輪生命密碼能量開發研習營」小故事大啟示

以前在大學時期每讀一篇文章，或是一本書，甚至是一部電視劇，學校老師都會要我們仔細注意作者或是導演，他們在書中或劇中對一些小動作、言語或是物品所代表的暗喻！所以在「時空輪生命密碼能量開發研習營」中，老師所播放的影片也有一些啟示！

讓我印象最深刻的是《童夢奇緣》這部電影，並不是因為主角是劉德華，而是劇情真的是發人深省！一個孩子誤會自己的父親與大媽兩人間接害死自己的母親，在偶然的機會裏，他因為碰到迅速成長的藥水而在一夜之間變成大人，但是他卻在短短的幾天就終老了。在那幾天他發現自己的母親才是破壞別人家庭的第三者，而父親是多麼的愛他及因愧疚而自殺死去的母親，當他知道真相而後悔卻已來不及了，因為他已是七、八十歲的老爺爺了，他求老人給他解藥，但老人沒有解藥，並告訴他：「人生可悲的是不能重來，可喜的是也不必重來。」、「就算活到最後一天，也要好好活！」

多簡單卻又深奧的話，讓人感嘆人生的無常與無奈，雖然我們無法去改變生、老、病、死，但卻是可以掌握自己的命運，好好規劃自己的人生，不要虛擲此生！

我想如果我是在電影院看這部電影，自己可能只是覺得感傷罷了，不會有太多感覺，但在老師深入的引導下，內心卻有如此強大的震撼，現在只要我有惰性出現時，老人那兩句發人深省的至理名言就會在腦海裏徘徊，策動我要好好運用每一分、每一秒！

李小姐

案例八：「時空輪生命密碼能量開發研習營」的互助之旅

自從退伍之後，由於從事的工作是需要每天面對機器，所以跟團體之間的互動就減少許多，相對的自己個性也變得比較孤僻。所以參加「時空輪生命密碼能量開發研習營」對自己真的是一大考驗！

因為課程活動安排上必定有團體性的課程，但最讓我深深體會到互助合作的重要性，這個課程是「戶外夜訓」，當我眼睛被矇上黑布，什麼也看不見時，心情就已經很忐忑不安了，再想到在伸手不見五指的野外，只能依賴今天才剛認識的同學，靠著微弱的手電筒的亮光，帶我走過層層的關卡，當時只覺得神經緊繃、兩腿發抖，內心不斷的吶喊：「媽啊！救救我！」

但在課程進行中，我深深體驗了眼睛看不見的恐懼與不安，及與同伴之間互信與互助的重要性，因為唯有相信同伴的指引，我才能順利的完成全程！相信嗎?!才短短的2~3小時的時間，我和我的同伴居然建立起不可取代的革命情感！特別是對我這個孤僻的獨行俠而言，就是一個很大的突破！

雖然只有兩天一夜的時間，但我卻從中發現人與人之間的互動與互相合作的重要性，之前因為工作關係整天面對冷冷的機器，只知道埋頭苦做，個性變得孤僻，周遭的人也不敢靠近我，上完「時空輪生命密碼能量開發研習營」的課程後，我開始學習與人互動，我發現因為我的變化，同事開始慢慢接近我，在工作中，大家互相幫助，融洽的工作氣氛也讓我的工作效率提升許多！

如果您也像我一樣是一個我行我素的獨行俠，您應該來參加「時空輪生命密碼能量開發研習營」的課程，保證讓您獲益匪淺！

張先生

案例九：神奇的時空與能量磁場轉換

科學發達的今天，探討空間與能量磁場問題的人也越來越多，在還沒有上「時空輪生命密碼能量開發研習營」之前，對於這方面的訊息大多來自於電影，或是一些談話性的節目裏得知，自己雖然相信也似乎可以感覺得到它的存在，但又好像不是那麼的真實！

參加「時空輪生命密碼能量開發研習營」的課程裏，其中讓我印象最深刻的就是讓我感受到不同的空間與能量磁場，那真的是很特別的體驗！老師以輕鬆的方式邊放熱門音樂邊教我們打手印，看老師靈巧的配合著音樂節拍打出各個菩薩的手印好像很簡單，但是當老師要大家跟著他一起做時，就發現真的不簡單！因為我的手好像打結一樣，怎麼也打不出像老師一樣美的手印。

後來老師要大家放鬆，腦袋也一樣放空，什麼都不要想，他要我們輕輕閉上眼睛，用心的去感覺另一個空間的能量磁場，當熱門音樂一起，我的手居然隨著音樂開始打手印，半信半疑的我還想去控制自己的手不要動，但是卻好像處在另一個充滿能量磁場的空間裏，無法去控制它，就只好放鬆讓它隨著音樂舞動，心想手不停的擺動這麼久（約20分鐘）一定會很累、很瘦。當音樂一停，心裏真的只有「驚喜」二字可以形容，因為手完全不會累，而且因為另一個空間的正極能量，反而讓我身、心、靈完全的釋壓，達到前所未有的舒適感！

這是我第一次真正體驗到另一個空間與能量磁場的存在，那真的是一種很奇妙但卻很真實的感覺！

李先生

案例十：我很重，但頓時卻成為「瑜珈大師」！

第一次參加「時空輪生命密碼能量開發研習營」時對這個活動完全沒有概念。但是只要聽到參加過的學長、學姐談論他們的參與經驗，回憶都是充滿驚奇與充實的，可以深刻的感受到時間、空間與能量的轉換。也聽到許多人在參加過研習營之後，對人生有了新的體認和看法，因而改變了自己的命運，所以對這個研習活動充滿了好奇與期待。

兩天一夜的活動雖然在時間上非常緊湊，但在課程的安排上非常的充實，任何的小細節都不會因此而馬虎。而其中最讓我印象深刻的就是無預警的夜訓課程，那天晚上上課已經上到很晚，大家回到寢室做功課及休息。

剛躺到床上沒多久就聽見招呼集合到大教室上課，到了教室，老師要大家取好間隔距離之後席地而坐，老師要教我們解除壓力及補充能量的方法。記得那時候一開始是靜坐，在柔和的樂音之中先放鬆自己的身體，同時也試著放空自己的腦袋。後來，不知怎麼的，身體居然自己慢慢的向後仰，接著雙腿自然向前伸出放平，姿勢由原先的盤腿而坐變成了大字型平躺在地上，那時心中有一份說不出的寧靜與安祥的感覺，身體雖然躺在地毯上，卻覺得像是躺在蒙古草原上般的自然舒適。眼睛是閉著的，卻覺得好像有滿天的繁星伴隨著少許淡淡的雲朵出現在我的眼前。還有一陣陣草原的風，輕輕柔柔的從我的皮膚上滑過……

那一瞬間，身體彷彿是漂浮著的，毫無牽絆的自由飄蕩著，似乎脫離了時間和空間的限制，生命在那時候也獲得了釋放，而一切也都回歸於自然。

過了沒多久，身體又自然而然的開始動了起來。雖然眼睛是閉著的，但是頭腦很清楚知道自己在做什麼，同時也能夠聽到外界的聲音。一開始的幾個動作感覺像是在把我久未運動的筋骨先放鬆開，頭、肩頸、手、背部、胸腹、大腿、小腿……一個步驟接著一個步驟，彷彿我是一個專業的瑜珈老師，動作是那麼準確並有效率的操控著我的肌肉及筋骨（PS：我從來沒學過瑜珈）。

後來，我又平躺下了。但這次不是成大字型，雙腳是併攏的。漸漸的，我併攏的雙腳緩慢而穩定的抬起來了。0度、30度、90度……180度，身體最後居然對折，我的腳指觸碰到我頭頂後的地板停了下來！以一個久未運動的「重量級」人士來說，這樣的姿勢是非常難以達成的，但是卻發生在我身上，真是不可思議。

接著，我又慢慢回復到平躺的狀態。過了一會兒，雙腳又再慢慢的抬起，但這次雙手也慢慢從背後把身體撐起來，一直到只剩下肩膀和手肘撐住地面，固定在這個姿勢一小段時間（後來我知道這個動作叫做肩立）。

然後，我本來併攏的雙腿，又在肩立的狀態下，在空中慢慢分開直到接近劈腿的程度，又停了一

下。照理說，很少運動又超重的我，在做完這些動作之後應該是全身痠痛不已，甚至可能因而受傷。但卻剛好相反，我的身體在完成這些動作之後通體舒暢，連原本緊繃的肩頸都放鬆開了。而原本疲憊的身體也在這堂課結束之後，因為能量的補充而感到精神飽滿，並沒有因為睡眠不足而疲倦不已。對我來說這是從來沒有經歷過的美好體驗，那種感覺令人印象深刻難以忘懷。

當然，在時空輪生命密碼能量開發研習營的課程裏，每一堂課都有不同的重大收穫。兩天一夜的課程不僅體驗了時間、空間與能量的轉換，也對我之後的生活造成了莫大的影響，受益良多。

林先生

附錄 時空輪生命密碼能量研習教育訓練機構優惠方案

為感謝近來社會大眾對「紫微斗數生命密碼」的大力支持及熱烈迴響，時空輪生命密碼能量研習教育訓練機構特別隨書附贈，提供「紫微斗數生命密碼免費體驗券」及「時空輪生命密碼能量開發研習營折價券」外；另針對對此門科學有興趣學習者，歡迎來電洽詢參加本中心推出的「紫微斗數生命密碼預知研討會」，透過研討會可瞭解「紫微斗數生命密碼」的重要，再來選擇參加「紫微斗數生命密碼免費體驗」及「時空輪生命密碼能量研習營」系列課程。

☑ 時空輪生命密碼諮詢免費體驗券

如果您常感嘆生命的無常變化，並想探詢生命課題及補充生命能量，現在除了透過《揭開紫微斗數之生命密碼》這本書，為您解開不可思議的生命密碼奧妙外；現更隨書附贈價值NT$3,000元的「時空輪生命密碼諮詢免費體驗券」，讓您即刻瞭解自己的生命密碼DNA！

☑ 時空輪生命密碼能量開發研習營優惠方案

想體驗愛因斯坦的「時間與空間合而為一」的能量轉換魅力嗎？想根據您與生俱來的密碼通行證，經由時間與空間轉換，傳導特殊能量訊息嗎？現在隨書附贈價值NT$10,000元的「時空輪生命密碼能量開發研習營折價券」，讓您直接開啟生命密碼，成功掌握天、地、人三者生命能量的交流互動，將生命與自然合而為一！

請沿虛線剪下

時空輪生命密碼能量研習教育訓練機構

時空輪生命密碼諮詢　免費體驗券

（定價NT$3,000元，每人限體驗乙次）

請沿虛線剪下

時空輪生命密碼能量研習教育訓練機構

時空輪生命密碼能量開發研習營折價券

（原價NT$30,000元，憑此券每人折價NT$10,000元，限使用乙次）

請沿虛線剪下

國家圖書館出版品預行編目資料

原來紫微斗數這樣學才對／許世鵬著.
－－第一版－－臺北市：知青頻道出版；
紅螞蟻圖書發行，2008.10
面　；　公分－－(Easy Quick；90)
ISBN 978-986-6643-30-9（平裝）

1.紫微斗數

293.11　　　　97016102

Easy Quick 90
原來紫微斗數這樣學才對
作　　者／許世鵬
發 行 人／賴秀珍
總 編 輯／何南輝
校　　對／周英嬌、朱慧倩、許世鵬
美術構成／Chris' office
出　　版／知青頻道出版有限公司
發　　行／紅螞蟻圖書有限公司
地　　址／台北市內湖區舊宗路二段121巷19號(紅螞蟻資訊大樓)
網　　站／www.e-redant.com
郵撥帳號／1604621-1　紅螞蟻圖書有限公司
電　　話／(02)2795-3656（代表號）
傳　　真／(02)2795-4100
登 記 證／局版北市業字第796號
法律顧問／許晏賓律師
印 刷 廠／卡樂彩色製版印刷有限公司
出版日期／2008年 10月　第一版第一刷
　　　　　2023年 4月　　　　第三刷

定價 250 元　港幣 83 元

ISBN 978-986-6643-30-9　　Printed in Taiwan